내 자녀와 소통을 위한
스토리텔링 자녀교육

내 자녀와 소통을 위한
스토리텔링 자녀교육

초판 1쇄 인쇄 2014년 7월 17일
1쇄 발행 2014년 7월 25일

지은이 오정미

펴낸이 김영선
기획 · 편집 이교숙
디자인 차정아
일러스트 김상진

펴낸곳 (주)다빈치하우스-미디어숲
주소 서울시 마포구 독막로8길 10 조현빌딩 2층(우 121-884)
전화 02-323-7234
팩스 02-323-0253
홈페이지 www.mfbook.co.kr
출판등록번호 제 2-2767호

값 16,800원
ISBN 978-89-91907-60-7 (13370)

이 도서의 국립중앙도서관 출판예정도서목록(CIP)은 서지정보유통지원시스템 홈페이지(http://seoji.nl.go.kr)와
국가자료공동목록시스템(http://www.nl.go.kr/kolisnet)에서 이용하실 수 있습니다.
(CIP제어번호: CIP2014019878)

내 자녀와 소통을 위한

스토리텔링 자녀교육

오정미 지음

미디어숲

머리말

아마 자녀교육에 관한 책만큼 흔한 것도 없을 것입니다. 기대하고 읽어보면 이야기는 뻔합니다. 자녀와의 대화법, 효과적인 공부법, 자존감 키우는 법, 좋은 부모 되는 법 등 레퍼토리는 돌고 또 돕니다. 그럼에도 불구하고 자녀교육에 대한 책이 필요한 이유는 잊어버리기 때문입니다. 책은 기억을 다시 회복해 주는 좋은 자극제입니다.

요즘 폰세대들은 과거에 비하여 더 조급하고, 더 불안해하며, 사람과 사람 사이에 관계 맺기를 더 힘들어합니다. 석학들은 물질문명의 치우친 발달은 정신문화의 고갈과 함께 정서적인 불안증후군으로 나타난다고 말합니다. 불안증후군의 대표적인 것은 화(火)입니다. 최근 발표에 의하면 남녀노소를 불문하고 분노지수가 해마다 높아지는 추세라고 합니다. 특히 부모의 잘못된 화풀이는 자녀에게 평생 지울 수 없는 치명적인 상처를 남기게 됩니다.

이 책은 특별한 이야기라기보다는 폰세대들이 잊고 있는 자녀교육에 대한 올바른 길을 다시 상기시켜주는 데 그 목적이 있습니다. 불확실의 시대일수록 원칙과 기본을 똑바로 알아야 합니다. 불안증후군은 원칙의 이탈에 대한 신호이기 때문입니다. 따라서 여기서는 주로 교육전문가들이 연구한 신뢰할 만한 자료를 바탕으로 자녀교육의 기본을 익히고, 일상생활에서 바로 적용할 수 있도록 체크리스트 형식으로 구성하였습니다.

　이 책의 주제는 '유아기부터 청소년기'까지 부모가 반드시 점검하고 갖추어야 할 핵심요소를 다섯 가지로 정하여 다루었습니다.
　제1장은 '학습' 스토리텔링입니다. 학습환경의 조성, 독서지도와 학습, 학습 스타일에 맞는 공부법 등을 이야기합니다. 제2장은 '소통' 스토리텔링입니다. 칭찬, 청소년 시기의 특징, 자주 부딪치는 대인관계의 문제해결 등을 소개합니다. 제3장은 '창의' 스토리텔링입니다. 창의성을 길러주는 질문 대응법, 지능형성의 과정이해, 문화적 차이 등을 안내합니다. 제4장은 '성품' 스토리텔링입니다. 청소년시기의 정서적 특징, 아버지의 양육태도, 매너와 포용 등이 성품에 어떤 영향을 끼치는지 풀어갑니다. 제5장은 '습관' 스토리텔링입니다. 고쳐야 할 버릇, 어릴 때부터 길러야 할 좋은 습관, 효과적인 잔소리법 등을 제시합니다.

기본은 아무리 강조해도 지나침이 없습니다. 필자는 그동안 여러 부류의 학생과 학부모들을 현장에서 만나 다양한 교육실험을 해왔습니다. 여기서 얻은 결론은 '기본이 바로 서 있는' 아이들은 지속적으로 성장한다는 확신입니다. 세월이 흘러도 변하지 않는 기본은 있기 마련입니다. 현명한 부모는 당장의 결과보다는 먼 훗날 아이의 행복을 먼저 생각합니다.

　화(火)가 올라오면 어떻게 대처해야 할지, 달라져 버린 요즘 아이들을 어떻게 대해야 할지, 자녀가 공부는 하는데 성적은 늘 그 자리를 벗어나지 못하는 것을 보며 부모로서 무엇을 도와야 할지, 내 마음과 자꾸 엇나가는 자녀에게 어떤 대안을 주어야 할지, 이러한 고민을 안고 있는 부모들에게 이 책은 든든한 버팀목이 될 것입니다.

2014년 7월

인성문화진흥원 원장 오정미

차례

두뇌를 일깨워주는
'학습' 스토리텔링

STORY
02

느낌을 알아채는
'소통' 스토리텔링

STORY 03

생각의 흐름을 터주는
'창의' 스토리텔링

STORY
04

인생의 밭을 가꾸는
'성품' 스토리텔링

STORY 05

실행능력을 길러주는
'습관' 스토리텔링

두뇌를 일깨워주는
'학습' 스토리텔링

🔎 게으르고 학습에 의욕이 없는데 어떻게 해야죠?

🔎 학교를 가기 싫어하는데 대안은 없나요?

가정의 분위기가 '학습력'을 결정한다

여러분의 자녀는 얼마나 똑똑할까? 학교 공부는 잘할까?

교육컨설턴트 자료에 의하면, 초등학교 2, 3학년 때 성적이 중간 정도 학생은 고등학교를 졸업할 때까지 그저 그만한 성적에 머무르는 경우가 많다는 연구결과가 나왔습니다. 연구결과에 따르면, 아이들 5명 중 4명은 입학 때와 졸업 때의 성적 수준이 비슷하다는 것을 보여줍니다.

교육전문가들은 학교교육의 성패를 좌우하는 것은 IQ 테스트나 학력고사 평가보다 '가정교육'이라고 말합니다. 성적이 우수한 아이의 가정에서는 놀거나 TV를 보기 전에 숙제와 독서를 먼저 하도록 가르칩니다. 부모는 자녀가 공부에 관심을 갖도록 북돋워주고 학교 성적을 칭찬해 줍니다. 또 온 가족이 함께 대화도 하며 일도 함께 합니다.

미국 시카고대학의 벤저민 블룸 교수는,

"가정의 교육환경이 자녀의 학습력에 끼치는 영향은 지대하다. 또한 가정환경은 학교 교사나 교과과정의 질 못지않게 중요하다."라며 그 이유를 12개 설문으로 소개하고 있습니다.

다음의 테스트 문제는 자녀들에게 학교 성적을 올릴 수 있는 가정환경을 형성하고 있는지를 알아보는 데 도움이 될 것입니다. 이 테스트에서 좋은 점수를 얻는 것보다 더 중요한 것은 이 점수를 개선할 수 있다는 것입니다. 꾸준히 노력하면 6개월 이내에 좋은 성과를 볼 수 있을 것입니다. 아마 자녀들은 학교생활에 더욱 흥미를 갖게 되고 또 최선을 다해 노력하게 될 것입니다.

※ 다음 각 항에 아래 지시대로 대답하시오.
〈거의 언제나 그렇다 – 2점, 때때로 그렇다 – 1점, 전혀 그렇지 않다 – 0점〉

- 우리 가족은 각자 집안일에 대한 책임이 있다. 즉, 적어도 한두 가지 허드렛일은 시간에 맞추어 해놓아야 한다.( )

- 우리 가족은 정해진 시간에 식사하고, 잠자며, 쉬고, 일하며 공부한다.( )

- 놀거나, TV를 보거나, 또는 다른 일을 하기 전에 먼저 학교 공부와 독서를 한다.( )

- 자녀가 학교 공부를 잘하면 칭찬을 해주는데 때로는 다른 사람들 앞에서 칭찬을 해준다.( )

- 자녀는 조용한 공부방과 책상, 그리고 사전이나 참고서 등을 가지고 있다.( )

- 우리 가족은 취미생활, 오락, 뉴스, 자기가 읽은 책, 그리고 TV 프로그램이나 영화에 관해 대화를 나눈다.( )

- 우리 가족은 종종 박물관이나 도서관, 동물원, 고적지 등을 찾곤 한다.( )

- 자녀가 바르게 말할 수 있는 습관을 기르도록 지도하며, 정확한 단어와 표현법을 익히도록 도와준다.( )

- 우리 가족은 저녁 식사시간 때에 그날 일어났던 일들에 관해 얘기를 나누며, 이때 온 식구가 각자 말할 기회를 갖는다.( )

- 자녀의 선생님을 알고 있으며, 또 자녀가 요즈음 학교에서 무슨 공부를 하는지, 어떤 교재를 쓰고 있는지도 알고 있다.( )

- 자녀가 공부를 잘하고 좋은 성적을 받으리라고 믿는다. 또 자녀의 장점과 단점을 알고 있어서 필요할 때는 격려하고 도와준다.( )

- 자녀에게 장래 문제, 고등학교와 대학에 진학하는 문제, 그리고 더 좋은 교육을 받거나 좋은 직업을 갖는 문제에 관해 함께 이야기를 나눈다.( )

점수가 10점 이상이면 자녀의 학교 공부를 도와주고 격려해 준다는 점에서 상위 25%의 가정에 속한다. 점수가 6점 이하이면 하위 25% 범위에 속한다. 점수가 6점에서 10점 사이에 있으면 평균적인 가정이라고 할 수 있다.

숙제를 도와줄 때도 지혜가 필요하다

    교사들은 부모가 자녀의 숙제나 특별활동을 대신해 주는 경우가 많다고 지적합니다. 그러면서 자녀들이 숙제를 통해 단순히 학과목 내용뿐만 아니라 단련하는 법을 배운다는 사실을 부모가 망각하고 있다고 말합니다. 전문가들은 자녀의 숙제를 부모가 대신해 주게 되면 자녀들이 자기 자신을 능력이 없는 사람이라고 생각하기 쉽다고 합니다.

    가정심리학자이며 『숙제 싸움의 종결(Ending the Homework Hassle)』이라는 교육 서적을 쓴 존 로즈먼드 박사는,

    "교육의 일차적인 목적은 아이들에게 자기 충족감을 제공하는 것이다."라며 능력 있고 자족하는 아이는 자신을 사랑할 수 있는 아이라

고 말합니다.

그렇다면 자녀가 숙제를 도와달라고 할 때 어떻게 해야 할까? 물론 자녀가 숙제를 이해하고 있지 못할 때는 지시사항을 명백하게 해석하는 일은 해주어도 무방합니다. 하지만 그럴 경우에도 가능한 한 자녀가 스스로 터득하도록 격려하는 것이 좋습니다.

로즈먼드 박사는 "아이가 삶에 대해 건강한 태도를 갖고 도전하도록 도와주고 싶다면 아이가 좌절당하는 것을 두려워해서는 안 됩니다."라고 강조합니다.

또한 전문가들은 "자녀들이 어려서부터 장애물을 부모가 치워주게 되면 커가면서 반드시 부딪치게 되는 커다란 장애물을 자녀들이 극복하기 힘들다. 때문에 부모가 자녀의 숙제를 도와줄 때는 기본적으로 '나는 아이가 배우도록 도와주고 있는가 아니면, 나의 욕심이나 희망을 아이에게 강요하고 있는가?'를 자문해야 한다."라고 지적합니다.

공부의 신들은 어릴 때부터 '독서의 맛'을 알았다

　우리는 자녀로 하여금 스스로 책을 읽고 '궁금한 것을 찾아보는 활동'을 통해 책을 읽는 습관을 갖도록 조용한 환경을 갖추어야 합니다. 부모가 자녀와 함께 책을 찾는 습관을 길러놓으면 어느 순간 자녀는 이러한 태도를 배우게 됩니다. 그러면 부모는 이런 습관을 격려함으로써 자녀들에게 일생 동안 소중한 호기심을 키워줄 수 있습니다.

　또 자녀들에게 학습은 즐거운 것이라는 개념을 심어줘야 합니다. 흥미의 다양성을 알게 하는 가장 쉬운 방법이 독서입니다. 다른 분야의 지식을 탐구하고 즐기도록 함으로써 독서 자체에 흥미를 유발시킬 수 있습니다.

가정에서 하는 공부를 재미있게 만드는 것은 어려운 일이 아닙니다. 학교와 같은 교과과정이 없기 때문에 오히려 자연스러울 수 있습니다. 계속 탐구하고 싶은 것을 주위에서 발견할 수 있도록 도와줄 수 있습니다.

아이들은 본능적으로 호기심이 많으며, 무언가 알기를 원하기 때문에 아이들의 '배우고자 하는 동기'를 이용할 수 있습니다. 아이들은 자신의 호기심을 잘 발달시키고 시야를 확대시키는 것을 즐기기 때문에 결코 지루해하지 않습니다. 자기 주변에 있는 모든 것을 탐구하고 자기 주위의 알기 어려운 부분을 탐구하는 데 시간 보내기를 좋아합니다. 아이들은 배우는 데만 본능적으로 호기심이 있는 것은 아닙니다. 어린 시기에는 본능적으로 호기심이 많으므로 부모는 이 호기심을 여러 가지로 도와 아이의 성장을 돕도록 해야 합니다.

'독해력'은 모든 교육의 기본적인 학습 기능입니다. 효과적으로 학습하고 어떤 과목에서도 상위에 들 수 있는 것은 거의 전적으로 철저한 이해가 동반된 독서 능력에 달려 있습니다. 그것은 곧 책에서 여러 가지 개념을 끌어내어 그것들을 자신의 것으로 만드는 능력인 것입니다.

수학문제를 풀 때에도 먼저 지시사항을 읽고 나서 각 문제를 풀기 위해서 무엇을 해야 하는지를 정확히 이해해야 합니다. 만약 철저한 확신과 이해를 갖지 못한 채 과제를 읽어나간다면, 다음의 두 가지 활동에 대한 어려움을 느끼게 될 것입니다.

첫째, 지속적으로 불필요한 노력을 하게 될 것입니다. 각 문장을 힘들게 독해해도 부분적인 이해에 그치고 맙니다. 여러 번 반복해서 독서를 해야 하므로 모든 과제가 두 배로 어려워질 수 있습니다.

둘째, 불필요한 실수를 반복할 것입니다. 지식의 부족에서 기인하는 것과 마찬가지로 문제의 지시사항을 이해하지 못해서 학교수업 시간이나 시험을 치를 때에도 같은 실수를 할 수 있습니다.

주도적인 독서는 오늘날 대부분의 학생들이 하고 있는 판독식 독서보다 훨씬 쉽고 속도가 빠릅니다. 훌륭한 독서는 단어를 아는 것 이상입니다. 기계적인 독서, 수동적인 독서로는 충분하지 못합니다.

눈의 운동을 발달시키고, 단어를 끄집어내고 조합하여 문장을 만들 수 있는 능력은 주도적인 독서의 시작일 뿐입니다. 주도적인 독서는 이것보다 훨씬 높은 차원에 존재합니다. 주도적인 독서는 단순한 단어 읽기를 넘어서 한 발자국 더 나아갑니다. 주도적인 독서는 여러 단어를 하나의 개념으로 축소하는 기술입니다. 즉, 수많은 단어로 하나의 생동적인 개념을 만들어내는 것이죠. 또 과정의 실체, 과제가 담고 있는 두세 개의 중요한 개념을 찾아내어 그것들을 둘러싸고 있는 모든 불필요한 단어의 세부사항으로부터 분리해 내는 것입니다.

학습 효과를 올리는 비법은 있다

학습 효과를 올리려면 먼저 효율적인 학습환경·방법 등을 마련해야 합니다.

E.M 쥬바르츠의 학습 효과 지도방법을 소개하고자 합니다.

- 가정학습 시간에 대해서 우선적으로 최대한의 배려를 한다. 그렇게 하지 않는다면 최고의 학습 효과를 얻을 수 없다.
- 자녀를 위한 일정한 공부 장소를 마련하고 그곳은 자녀만의 장소가 되게 한다. 공부는 매일 꼭 그 장소에서만 하도록 지도한다. 공부시간 동안 누구도 그 장소를 침범해서는 안 된다.

- 공부 장소는 안락해야 하며 조명 상태가 공부하기에 적당해야 한다. 또 학습에 필요한 각종 문구류가 부족함 없이 마련되어 있어 필요한 것을 바로바로 손쉽게 사용할 수 있어야 한다.

- 공부시간 동안 공부를 방해할 만한 것이 하나도 없어야 한다. 자녀에게 독방을 주고, 문을 닫고 조용한 환경에서 공부할 수 있게 한다. 공부방에는 휴대폰이나 TV도 없어야 한다. 그 누구도 공부시간에는 자녀에게 접근해서는 안 된다. 또 어떠한 전화가 걸려오더라도 바꾸어주지 말아야 한다. 일단 자녀가 공부를 시작하면 끝날 때까지 공부에만 몰두할 수 있도록 해주어야 한다. 만일 독방이 없을 경우에는 공부하는 시간만큼은 어느 한 방을 공부방으로 정하고 그 시간에는 그 방에 접근을 하지 않도록 한다.

- 조금이라도 공부에 방해가 될 요인들은 전부 배제시켜야 한다. 하지만 학습에 꼭 필요한 물건은 지니고 있어야 한다. 불필요한 책이나 눈요깃거리 등이 있어서는 안 된다. 주의를 산만하게 하는 벽화 등도 걸지 않는 게 좋다.

- 매일 정확하게 같은 시간에 공부를 시작할 수 있도록 도와야 한다. 5분 늦게 시작하는 공부가 전체 공부시간을 망쳐놓을 수 있다. 혹 통화 중이라도 공부할 시간이 되면 전화를 끊고 정확한 시간에 책상 앞에 앉아서 공부를 시작할 수 있게 한다.

- 자녀의 공부시간은 늘 일정하게 유지되어야 한다. 그 시간이 되면 학습에 대한 심리적인 준비가 자발적으로 이루어지도록 한다.

매일 같은 시간에, 같은 장소에서 공부하는 것이 습관화되면 집
중력은 자동적으로 획득된다.

이렇게 학습 습관이 고정되기만 하면 쓸데없는 동작은 점차 사라져
버리고 오로지 공부에만 몰입하게 됩니다. 학습 태도가 이렇게 개선만
된다면 자녀의 학업의 양과 질의 달라진 성과에 감탄을 하게 될 것입
니다.
미국의 교육학자인 유진 M. 슈와츠는,
"부모가 함께 자녀의 학습상황에 대해서 하루에 5분간만 다음 사항
을 점검한다면 학업 성적을 크게 올릴 수 있다."라고 주장합니다.

· 숙제를 깨끗이 잘 해놓았는지 확인한다.
· 맞춤법이 틀리지 않았는지 확인한다.
· 확실치 않은 부분은 질문을 해서 자녀가 그 문제에 대해 충분한
  설명을 하게 한다.
· 숙제 내용을 자녀가 기억하고 있는지 확인한다.
· 노트가 깔끔하게 정리되어 있는지 확인한다.
· 숙제를 완벽하게 다 했는지 검사한다.
· 마지막으로 교사의 검사를 받아온 그 전날의 숙제를 점검한다.

특수한 아이는
학습지도도 달라야 한다

학습부진(Learning Disabled)을 약자로 L.D.라고 부릅니다. L.D.란 크게
네 가지로 정의할 수 있습니다.

- 배울 수 있는 소질에 비해서 실제로 그만큼 배우지 못한다. 그렇
  기 때문에 학업 성적이 노력에 비해 좋지 않다.
- 언어의 숙달이나 신체적인 발달에 따른 학업의 진전이 느리다.
- L.D.는 환경적인 여건에서 오는 것이 아니다.
- 잘 배우지 못한다는 것은 정서 불안이나 지능적인 결함에서 오는
  것이 아니다.

다시 말하면 지능이 낮거나 신체적인 장애가 있다든가(시청각 결함), 혹은 결석을 자주하거나, 자주 이사를 해서 학교를 옮겼거나, 교사의 가르치는 방식이 옳지 않다든가 등에 관계없이 잘 배우지 못하고 노력에 비해 학업 성적이 늘 좋지 않은 것을 말합니다.

L.D.는 1962년 사무엘 크리크 박사가 만든 것으로 소위 '숨은장애'라고도 의역해 사용됩니다. 이유는 겉으로 보면 모든 면에서 학습부진아가 정상아와 조금도 다름이 없기 때문입니다.

그렇다면 왜 어떤 학생들은 효과적으로 배우지 못할까? 여기에 대한 구체적인 원인은 아직 확실하게 발견되지 않았으나 여러 분야 전문가들의 의견을 종합해 보면 다음과 같은 결론에 이를 수 있습니다.

- 임신 중 엄마의 사고나, 유아기에 다친 적이 있는 경우
- 유전적으로 집안에 이러한 가족의 일원이 있는 경우
- 비교적 여자아이보다 남자아이에게 L.D.가 많은데 그 이유는 남자아이의 학습발달이 더 느려서 초등 시기에는 학습부진을 보일 수 있다.
- 조산으로 태어났거나 신생아 때 질환을 앓은 경우
- 신경 계통에 이상이 있는 경우

어떤 아이들은 같은 나이 또래 아이들에 비해 더 늦게 성장, 발달하므로 학업 능률이 현저히 더딜 수 있는데, 이것을 '성장부진(Maturational

Lag)'이라고 합니다. 그리고 L.D.인 경우에는 구체적으로 다음의 다섯 가지 분야에 결핍을 나타낸다고 합니다.

- **언어** 어릴 때 말을 특히 늦게 배우고, 커서도 상대방의 말을 잘 알아듣지 못하고 두서없이 말을 한다.
- **글쓰기** 글을 쓰고 읽는 데에 어려움을 느낀다. 즉, 긴 시간을 주어도 문장 구성을 잘 하지 못한다.
- **수학** 기초적인 개념을 이해하지 못한다든지 숫자 계산을 자주 틀린다.
- **추리** 생각을 모아서 정리를 하며, 사리를 잘 판단하는 것이 어렵다.
- **기억력** 지시나 여러 가지 정보를 기억하는 데에 어려움을 겪는다. 또 정보를 듣고 이해하는 과정의 속도가 느릴 뿐 아니라 잘 이해하지 못한다.(이 경우 언어 자체를 알아듣는 경우는 제외)

이와 같은 결과로 여러 가지 행동 증상이 학습 부진아에게서 나타나는데 그 중 몇 가지를 간추려 보면 다음과 같습니다.

- 생각 없이 곧 행동으로 옮긴다.
- 유난히 설치며 주의 집중이 어렵다.
- 변화된 환경에 대한 적응이 대단히 어렵다.
- 차례로 혹은 순서대로 과업을 수행하는 것이 매우 어렵다.

- 쓰고 읽는 것을 역으로 한다.
- 내용과 양에 비해 과제물 완수에 너무 많은 시간을 요한다.
- 참을성이 적고 화를 잘 낸다.
- 사회성이 부족해서 친구를 잘 사귈 수 없다.
- 감정의 변화가 심하다.

여기서 주의할 것은 대부분의 아이들이 앞에서 말한 몇 가지의 증상을 연령에 따라 어느 정도는 다 갖고 있는 것이 보통이므로 너무 걱정할 필요는 없다는 것입니다. 만약 내 자녀가 혹 학습 부진아는 아닌지 의심이 생길 경우에는 반드시 학교 측의 전문가와 상의해야 합니다.

가정에서 학습 부진아를 부모로서 도와줄 수 있는 일은,

첫째, 가정에서 규칙을 세워놓고 잘 설명한 다음, 자녀로 하여금 될 수 있으면 항상 규칙에 따르도록 도와주는 것이 중요합니다. 즉, 규칙적으로 잠자고, 숙제하고, 식사하는 것도 중요하며, 옳고 그른 것에 대한 일관성 있는 지시도 무척 중요합니다.

둘째, 집안 분위기를 될 수 있으면 자녀가 경쟁심을 느끼지 않도록 해주는 것이 중요합니다. 경쟁에 짐으로써 늘 좌절감과 실패감에 사로잡히기 쉽기 때문입니다.

셋째, 잘한 것에 대해서는 늘 정직하게 칭찬을 아끼지 않아야 합니다.

넷째, 주의 집중이 약한 자녀에게는 짧고 쉬운 과제를 줌으로써 늘 성취감을 느낄 수 있도록 해줍니다.

다섯째, 자녀의 장점과 능력에 초점을 맞추는 것입니다.

여섯째, 다른 정상적인 자녀와 똑같이 취급해서 버릇과 규율을 가르치는 것입니다.

일곱째, 새로운 환경에 들어가기 전(예를 들면 유치원, 초등학교, 혹은 단체, 캠프 등) 미리 자녀에게 그곳 분위기 등에 대해 상세히 설명을 해줌으로써 미리 정신적으로 준비를 시켜주고, 관계자나 담당자(교사나 지도자)에게 자녀에 대한 특수한 점을 알리면서 의논하는 것이 좋습니다.

그렇지만 전문가의 판단 없이 부모가 여기에 대해 마음대로 결론을 내리는 것은 대단히 위험한 일입니다. 의심이 있을 때는 미리 전문가와 상의해서 도와주는 것이 무엇보다 중요하다는 것을 잊어서는 안 됩니다.

부모가 최고의 교사이다

부모는 자녀의 최초의 교사이자 가장 중요한 교사입니다. 자녀가 공부를 잘할 수 있도록 부모가 도울 수 있는 7가지 방법을 소개합니다.

① 자녀의 학습 스타일을 파악한다.

숙제를 할 때, 어떤 아이는 혼자 하기를 좋아하는 반면, 어떤 아이는 부모나 형들과 의견을 나눈 후 시작한다. 자녀가 공부에 집중할 수 있도록 자녀의 학습 스타일을 존중하고 배려해 준다.

② 목표 지향적이어야 한다.

자녀가 보다 밝고, 나은 미래를 생각하도록 돕는다.

③ 숙제의 중요성을 강조한다.

자녀가 숙제를 잘할 수 있도록 밝고 편안한 공간을 마련해 준다. 숙제는 무엇보다도 우선적으로 해야 할 중요한 일이라고 강조한다. TV시청이나 휴대폰 놀이도 숙제를 다 하고 난 뒤에 하게 한다.

④ 학교를 결석하거나 게을리하는 것을 용납하지 않는다.

⑤ 실수나 잘못에서 배움을 깨우치도록 돕는다.

실수를 하더라도 실수에서 긍정적인 측면을 찾아내 발전의 기회로 삼도록 한다.

⑥ 아이의 특별한 지능을 찾아내 이 재능이 성공의 기반으로 활용되도록 돕는다.

⑦ TV를 도구로 사용해 가르친다.

이왕 보는 TV라면 TV를 비판적 시각으로 시청하게 하여 이야기 전개를 예상하고 인물을 대비해 보도록 연습시킨다.

학습 수준이 정상에 못 미칠 때는 공부 자체를 도와주는 것이 아니라 독서 능력 향상을 도모해야 합니다. 공부를 스스로 할 수 있도록 독서 능력을 키워주는 것입니다. 또 기본이 부족해서 높은 수준을 따라가기 힘든 경우라면 부족한 부분에 대해 따로 지도를 하도록 합니다.

그리고 공부하는 방법을 가르쳐주십시오. 공부하는 방법을 학교에서 배우지 못한 아이들에게는 더욱 절실합니다. '공부하는 요령, 노트 정리하는 법, 빨리 읽는 법, 창작력 향상법, 작문법' 등의 요령을 익히는 것이 대표적인 공부방법입니다. 하지만 무엇보다도 중요한 것은 자녀가 혼자 공부할 수 있도록 도와주는 것입니다. 공부에 대한 흥미를 발견할 수 있도록 북돋워주고, 공부에 대해 항상 건전한 자세를 취하도록 합니다.

결격 사항이 없는데도 다른 아이들보다 성적이 안 오를 때는 잘못된 학업 습관, 시험 치르는 요령의 부족, 지나친 과외활동 등 여러 가지 원인을 고려해 보아야 합니다. 그 외에도 부모 자신이 자녀교육에 과연 얼마만큼 관심이 있는지 등을 돌아봐야 합니다.

테리 필즈 교사는 이러한 문제해결을 위한 방법으로 다음의 10가지 충고를 합니다.

① 학교에서 초청할 때는 반드시 참석해서 학부형의 할 일이 무엇인지 알도록 한다.

② 학부형회에는 꼭 정기적으로 참석해서 부모도 학교에 대해서 관심이 있다는 것을 자녀에게 보여준다.

③ 자녀가 필요한 학용품은 항상 가지고 있는지 점검해야 한다.

④ 숙제를 할 수 있는 조용한 방을 마련해 주고 숙제를 할 때는 TV를 끄도록 한다. 숙제가 없는 날에도 독서나 기타, 하고 싶은 일을 하게 한다.

⑤ 매일 또는 매주 꼭 숙제 점검을 한다. 학부형회에 참석할 때는 자녀의 강약점을 터놓고 의논하는 것이 좋다.

⑥ 자녀가 결석할 시에는 친구에게 숙제를 알아보게 해 학습 진도를 따라갈 수 있게 해주며, 자녀가 서먹해하는 일이 없도록 도와준다.

⑦ 숙제 점검을 할 때는 잘한 것을 위주로 칭찬을 해준다.

⑧ 듣기·생각하기·말하기 능력을 기르기 위해서는 학급토론 등에 적극 참여하도록 권한다.

⑨ 시험을 치를 때 필요한 노하우를 구체적으로 알려준다. 우선 문제를 찬찬히 읽도록 지도하고 시험 답안을 다 쓴 후에 다시 한 번 검토해, 틀린 것은 바로잡도록 훈련시킨다.

⑩ 자녀가 스트레스를 받을 때에는 과외활동은 줄여주지만 학업은 우선적으로 할 수 있도록 지도한다.

먼저 자녀의 학습 스타일을 파악하라

심리학자 토마스 암스트롱은,

"누구나 자기 나름대로의 학습 스타일을 가지고 있다."라고 말합니다. 일률적으로 가르친다고 다 잘 배우는 것은 아닙니다. 그렇기 때문에 강요하지 말고 이끌어야 합니다.

또 교육자 워터 바브는,

"아이들의 학습 스타일을 알려면 그들의 행동을 관찰하라."라고 권합니다. 이것은 일찍이 아이들의 감각을 이용해서 가르치는 방법을 제창한 바 있는 마리아 몬테소리의 주장과 같은 맥락이라고 볼 수 있습니다.

다음은 심리학자 하워드 가드너가 분류한 일곱 가지 학습 형태입니다. 자녀가 어떤 형태에 속하는가를 알아서 그에 맞게 학습하도록 하면 훨씬 효과적일 것입니다.

언어형

청각력이 발달했으며 모든 것을 말로 생각하기를 좋아한다.
단어를 보고 말하게 하거나 책을 읽어준다.

수학형

개념적·추상적으로 생각하면서 어떤 형태와 관계 탐구하기를 좋아한다. 이들은 실험·퍼즐풀기·우주에 관해 묻기를 좋아한다.
논리적 게임, 조사, 탐정소설 등을 통해 가르치며 개념을 형성시키도록 한다.

공간형

상상하기를 좋아하며 자신의 환경을 잘 안다. 이들은 그림그리기, 조각그림 맞추기, 지도읽기, 공상하기를 좋아한다.
그림 그리기, 언어 및 자연적 상상을 통해서 가르친다.

음악형

음악을 좋아하며 주위의 소리에 예민하다. 백그라운드 음악을 들으면서 공부하기를 좋아한다.

서정적으로 리듬과 박자에 맞추어서 가르치면 좋다.

운동형

신체에 예민하다. 이들은 움직이며 껴안는 등 무엇을 만들기를 좋아한다. 신체적 활동, 손을 움직여서 하는 학습, 연극 등을 통해서 가르친다.

상호 교섭형

주위 어른이나 교사 친구와의 상호 작용을 통해서 배운다. 친구가 많고 동정심도 많으며 사회생활을 잘한다.

그룹 활동, 세미나, 대화 등을 통해서 가르친다.

내방형

다른 사람을 멀리한다. 자기 느낌에 따라 살며 지혜, 직관, 동기, 강한 의지, 자신감, 의견 등을 형성한다.

독립심과 성찰을 통해서 학습할 수 있도록 가르친다.

복습과 예습

기억력에는 한계가 있습니다. 기억한 것은 일정한 시간이 지나면 차차 잊어버리는 것이 일반적인 사실입니다. 이것을 '망각곡선'이라고도 합니다. 반복된 훈련이나 복습을 하지 않으면 잊어버리는 것이 당연합니다. 그렇기 때문에 배우는 사람들은 복습을 해야 하는 것입니다.

복습 방법도 예습과 같이 학년이나 공부 습관, 알고 있는 정도 등에 따라서 다양하게 전개될 수 있으나, 여기에서는 초등학교 중간 학년이나 고학년 아이들에게 알맞은 방법을 소개하고자 합니다.

가장 쉬운 방법은 학교에서 무엇을 배웠는지 이야기하게 해보는 것입니다. 즉, 학교에서 배운 내용을 평소에 대화하는 것처럼 부담감 없이 말하게 되면, 학습 내용을 다시 상기해 보게 되어 잘 잊어버리지 않게 됩니다. 그러나 강제로 시키면 저항감을 갖게 되므로 재미있는 대화 형식으로 하고, 말한 내용을 칭찬해 주는 것을 잊지 않도록 해야 합니다. 이렇게 하면 학교에서 공부시간에 무엇을 배웠는지 대략적인 것을 알 수 있을 것입니다.

여기에서 한걸음 더 나아가 무엇을, 어떻게, 어느 정도까지 배웠는지 말해 보게 합니다.

"국어 시간에 제일 재미있었던 게 뭐니?"라고 물어보거나 또는 부족하거나 잘 모르는 것을 물어볼 수도 있습니다.

"수학 공부할 때 잘 모르는 문제는 없었니?"

이와 같이 수업시간에 있었던 여러 가지 문제 중심으로 대화하다 보면, 학습 내용 중에서 이해가 부족했던 점을 확실하게 알게 됩니다.

잘 모르겠다고 하는 부분에 대해서는 보충 설명을 해주거나 교과서나 사전, 그 밖의 참고서에서 찾아 분명하게 알고 넘어가게 합니다.

모른다고 핀잔을 주는 일은 금물입니다.

　예습과 복습은 어느 것이 더 중요하며 효과적일까?

　공부하는 방법은 아이들의 개성에 따라 다를 수 있으며, 어느 것이 좋다고 말하기는 어렵습니다. 예습은 공부를 잘하는 아이들이 즐겨 하지만 대개는 복습 중심의 공부가 좋습니다. 무엇보다도 중요한 것은 공부하겠다는 목표를 뚜렷이 하는 것입니다. 알맞은 방법을 선택하여 이를 습관화하는 것입니다. 또한 수업시간에 수업에 집중하는 것이 무엇보다 중요하다는 것을 잊어서는 안 됩니다.

부모의 관찰력이 실력이다

자녀를 자세히 관찰해 보기 바랍니다. 자녀가 정신 집중을 못하는 경우, 노력을 안 하는지, 게으른지, 자기가 하고 싶은 것만 하는지, 철이 늦게 드는지 등 원인을 살펴봐야 합니다.

자녀의 성적은 어떠한지, 늘 꾸준한지를 살펴보세요. 갑자기 성적 변동의 폭이 크다면, 우선 어떤 과목이 문제인지 파악해 보고 대안을 제시해 주어야 합니다.

자녀가 스스로 공부할 때도 집중을 잘 하는지 살펴보아야 합니다. 다른 사람과 함께 있으면 집중을 잘하는데 혼자 공부할 때는 산만해지는 경우, 언뜻 보기에는 성숙이 늦는 것처럼 보일 수도 있습니다.

옆에 누가 있다는 것은 주위의 자극을 제거시켜 준다는 뜻으로 지각에 문제가 있는 것입니다. 공부할 때 항상 같이 있어주면 의타심이 생겨 독립정신을 길러주는 데 방해가 됩니다. 공부하는 방에 칸막이를 설치해 주위의 자극을 가능한 한 많이 제거해 주어야 합니다.

자녀가 정리정돈을 잘 못 하고 물건을 잘 잊어버리는 경우가 많은지도 관찰해 보세요. 하지만 자녀가 잠재적으로 갖고 있는 능력을 다 발휘하지 못한다고 문제아에 속하지는 않습니다. 그런데 학교나 부모의 이해 부족으로 이런 자녀는 문제아로 자라기가 쉽습니다.

최근 학습속도, 학습방법, 학습스타일 등 자녀교육에 관한 연구가 활발하게 이뤄지고 있습니다. 때문에 혹 자녀에게 문제가 있다면 전문가의 도움을 받는 것도 좋습니다. 자녀의 나이가 어릴수록 교정이 쉽다는 점을 잊지 말고 꼭 조기에 교정받도록 해야 합니다.

IQ도 높고 과제의 이해 능력도 뛰어난 학생이 시험 상황에 처하기만 하면 불안 수준이 과도하게 높아져서 시험을 망치는 경우가 있습니다.

불안은 사람에 따라서 수준에 차이가 있습니다. 조그만 일을 당해도 불안해하거나 당황해하는 사람이 있는가 하면, 어려운 일 앞에서도 태연한 사람이 있습니다.

이러한 불안 수준의 차이는 날 때부터 기질의 차이로 나타난다고 생각되기는 하지만 환경의 영향을 무시할 수는 없습니다. 그 이유는 불안 수준이 그다지 높지 않은 사람도 불안을 야기시키는 환경 내에서 성장하게 되면 불안 수준이 높아질 수 있기 때문입니다.

불안 수준이 높은 학생에게 좋은 성적을 얻어야 한다고 강조하면 할수록 이러한 학생들은 좋은 성적을 얻을 수 없게 됩니다. 더욱이 가정과 학교의 성적 중시 분위기는 더욱더 불안하게 하므로 시험 상황에 처하기만 하면 가슴만 두근거릴 뿐 정답이 생각나지 않습니다. 이런 기질을 가진 자녀에게는 공부하라든가 좋은 성적을 얻어야 한다고 강요하지 말고 자녀가 편안한 마음을 가질 수 있도록 도와줘야 합니다. 가정환경 내에 자녀를 특별히 불안하게 만드는 요인이 있는지 찾아보고 가족 구성원들이 화목한 생활을 할 수 있도록 노력을 해야 합니다.

일반적으로 불안 수준이 높은 자녀 뒤에는 불안 수준이 높고 억압적이며 강압적인 부모가 있는 경우가 많습니다. 자녀가 편안한 마음을 가질 수 있도록 해주고, 동시에 성적이 중요한 것이 아니라 공부나 시험에 최선을 다하는 것이 중요하다는 것을 강조함으로써 시험 상황에서의 불안 수준을 낮출 수 있도록 도와주기 바랍니다.

9

학부모도 준비가 필요하다

초등학교 입학을 앞둔 자녀의 부모는 가정에서 무엇을 어떻게 지도하고 준비해야 할까?

서둘러 글과 숫자를 가르치고 학용품을 준비하고 새 옷을 사 입히는 일로써 입학 준비가 끝난 것으로 알고 있는 학부모를 가끔 보게 됩니다. 그러나 보다 중요한 것은 새로운 생활환경에서 즐겁고 흥미롭게 적응할 수 있는 생활태도와 능력, 즉 기본적인 생활태도를 길러주는 것입니다. 이를 통하여 스스로 할 수 있는 올바른 예절 지키기, 바른 질서 지키기, 청결하기, 자립심 키우기, 협동 봉사하기 등을 기르게 됩니다.

성장하면서 필요한 모든 기본예절과 태도가 이 시기에 길러지도록 해야 합니다. 또한 학교란, 좋은 선생님과 많은 친구를 사귀고 만날 수 있는 즐거운 곳으로 인식시켜야 합니다.

학교는 남의 의견을 듣거나 자기 의견을 발표하는 장소입니다. 그러므로 남이 발표하는 의견을 끝까지 듣고, 자신의 의견과 느낌을 분명히 밝힐 수 있는 언어예절 습관을 갖도록 도와주세요.

아이발달 과정에서 유치원을 수료하고 초등학교에 입학한 1학년 아이가 갖는 가장 큰 역할은, 또래 친구들과 어울려 노는 가운데 가정에서 깨우칠 수 없었던 사회생활을 배우는 것입니다.

자녀의 능력이 학습과 훈련을 받을 만큼 성숙되지 못한 상태에서 무리한 학습을 시킨다면, 자녀는 공부는 하기 싫고 힘든 것이라고 생각하게 되며 부모의 기대를 벗어나 자신감을 잃게 되는 것입니다.

취침·기상 시간 지키기, 바른 용변 습관 갖기, 자기 옷이나 소지품 스스로 정리·정돈하기, 간단한 심부름을 다녀온다든지 하는 책임감과, 자립심 갖기 등 입학 전에 습관화되어야 할 것은 여러 가지입니다. 또 집 주소와 전화번호, 부모와 가족 성명, 학교명 등을 일러주어야 합니다.

또한 부모는 문자·숫자 지도에 너무 많은 관심을 갖는데 이것이 폐단이 되는 경우도 있습니다. 공부란 골치 아프고 지겹다는 인상을 갖게 해서는 안 됩니다. 자기 이름 쓰기, 가족 성명 알기, 학교 이름 알기 정도면 충분합니다. 숫자쓰기는 1부터 10까지 바르게 알도록 하는 것이 좋으나, 무조건 쓰고 외우는 방식보다는 생활 속의 구체물을 통해 감각 기능의 체험과 다양한 경험의 기회를 제공함으로써 자연스럽게 이해하도록 하는 것이 바람직합니다. 이렇게 숫자 개념이 정립되고 형성된다면 더욱 효과가 있습니다.

초등학교에 입학하는 자녀에게 무리한 심적 부담을 주어서는 안 되며, 무엇보다도 자녀가 자기 스스로 마음의 준비를 하도록 배려하는 것이 중요합니다. 입학 후에 바람직한 학교생활을 하기 위해서는 이러한 사항을 점검해 보기 바랍니다.

학교를 제대로 알고 보내자

교육의 목적은 학습자에게 '바람직한 행동의 변화'를 길러주는 것이며, 이러한 교육의 목적이 어느 정도 달성되었느냐를 따져보는 교육의 반성적·자각적 과정이 교육 평가입니다. 그만큼 교육에서 평가의 기능이 갖는 비중은 매우 큽니다.

어떠한 교육 목적을 선정할 것인가, 그 교육 목적을 달성하기 위해 어떤 학습 경험을 선정하여 조직할 것인가, 또 어떻게 그 학습 경험을 학생에게 유효적절하게 전달할 것인가, 가르친 것과 의도했던 교육 목적이 어느 정도 달성되었는가 등 교육과정 전반에 걸쳐 교육 평가가 이루어집니다.

교육 평가는 그 성질에 따라 다음의 두 가지로 구분할 수 있습니다.

첫째, 제1차적 평가로 인간적 가치 실현에 있어 주체 학습자(피교육자)가 그 가치 실현의 목적에 어느 정도 성과를 보였느냐를 평가 혹은 평정하는 과정입니다. 즉, 학습자의 학력·태도·적응성·건강 등이 어느 정도 진보, 발달했느냐를 보는 것입니다.

둘째, 제2차적 평가로 교육 지도의 주체인 교사가 자신의 교육활동이 교육 목적 달성에 어느 정도 이바지했느냐를 따지는 과정입니다. 교육 목표가 타당했는가, 학습 경영이 타당했는가 하는 것을 밝히는 과정입니다.

이 두 가지 교육평가의 측면은 언제나 상호 관련되어 있으며, 어느 한 쪽으로 치우친 평가를 할 때 그것은 원래 평가의 기능에서 벗어나는 것입니다.

학교에서 주로 많이 이용하는 평가방법으로는 ①필답검사 ②표준화검사 ③관찰법 ④면접법 ⑤질문지법 ⑥평정법 ⑦체크리스트 ⑧목록법(Inventory) ⑨각종 진단검사 등이 있습니다. 어떤 방법이든 간에 평가의 도구로써 갖추어야 할 필요 불가결한 요건은, 그 검사가 객관성·신뢰성·타당성·실용성이 있어야 한다는 점입니다.

1918년 쏜다이크는 『NSSE 연보』에서,

"존재하는 것은 모두 양으로 존재한다. 그러므로 양으로 측정할 수 있다."라는 대명제를 주장한 이후 여러 가지 특정 도구가 많이 나왔으며, 교육의 여러 가지 결과를 수량화(Quantification)시키려는 노력이 꾸준히 계속되어 왔습니다.

하지만 아직까지 위에 든 네 가지 요건인 객관성·신뢰성·타당성·실용성을 만족할 만큼 해결되지는 않았습니다.

교육 평가를 원래 목적하는 바, 빈틈없는 특정의 기능을 통해서 현상을 분석, 파악하고 그것을 기초로 해서 잠재 가능성까지 평가하려면 보다 더 엄밀한 평가 도구 및 방법의 고안이 있어야 함을 알아야 합니다.

전통적인 수업방식은 강의를 조용히 듣고 암기하고 연습문제를 푸는 것입니다. 그러나 요즘 열린 학교들의 수업방식은 한마디로 '창조적 학습'이라고 요약할 수 있습니다. 창조적 학습을 앞장서서 실천하고 있는 시범학교들은 몇 가지 공동 목표를 지니고 있습니다.

첫째는 학생들에게 학습의 재미를 알게 하는 것이며, 다음은 자긍심 확립과 함께 국제시장 경쟁에 필요한 기술을 개발하고 습득하게 하는 것입니다.

교사는 서서 가르치고 학생은 듣는 수동적 학습으로는 미래창조형 인재를 기를 수 없습니다. 미래지향적인 학교의 모습은 학생들이 수업시간 내내 움직이며 문제를 풀고, 생각하며 질문하고 해답을 스스로 찾습니다. 또한 그룹토의를 통해 의사도 교환하며 웃고 협력하는 자세로 학습합니다. 전통적인 강의에 비하면 매우 적극적인 분위기입니다.

높은 동기 부여는 성공의 지름길입니다. 학생을 분발시키는 실제적인 학습의 기술은 다음과 같습니다.

- 수업을 흥미롭게 만든다. 현명한 교사는 수업 중 학생 사이를 걸어 다니면서 수업하거나, 목소리의 빠르기를 달리하거나, 다양한 학습교재를 쓰는 등 가급적 학생들이 지루하지 않게 수업을 이끈다.
- 학생들의 관심을 이끌어낸다. "오늘 우리는 기막힌 이야기를 읽게 될 거야."라는 식으로 관심을 부추긴다.
- 강조 부분을 확실히 한다. 학생들은 교사가 강조하는 것이 중요한 문제임을 안다.
- 수업 초에 학습 목표와 배울 내용을 분명히 한다.
- 호기심을 유발한다.
- 필기시험에 국한하지 않고 다채로운 방법으로 테스트한다.
- 학생의 반응을 고무시킨다.
- 성공을 향한 계획을 수립한다.
- 긍정적 방법으로 바로잡는다. 학생이 나쁜 행동을 했을 때는 문제된 행동을 나무란다.
- 자유로운 학습 분위기를 조성한다. 학생이 거리낌 없이 의견을 발표할 수 있는 자유로운 수업 분위기를 마련한다.
- 추상적인 표현보다는 구체적인 가르침이 좋다.

Q 게으르고 학습에 의욕이 없는데 어떻게 해야죠?

십 대 아들을 둔 엄마입니다. 우리 아이는 몹시 게으르고 매사에 의욕이 없어요. 학교에서 돌아오면 TV를 보다가 그냥 잠자리에 드는 것이 보통입니다. 친구도 별로 없어 보이고, 또 다른 어떠한 것에도 흥미를 느끼는 것 같지 않습니다. 무엇이 잘못되었을까요?

A 대부분의 부모들은 자녀들이 집에서 문제를 일으키지 않는 것을 좋아합니다. 하지만 이것은 정상적인 모습이 아닙니다. 많은 부모는 청소년들이 넘쳐나는 에너지, 모험심, 흥분으로 가득 차 있음을 잘 알면서도, 그들의 이러한 활동을 절제시키기 위해 많은 노력을 기울이죠.

그러나 이러한 특성은 청소년들에게 지극히 정상적인 일입니다. 오히려 오랫동안 활동도 하지 않고, 야망도 없고, 친구와 어울리지도 않는 것이 더 문제라고 생각합니다. 이런 태도는 '자기 자애심'을 상실해 가고 있다는 신호입니다.

자애심이란, 어린이나 청소년들에게 있어서 학습능력, 사회성, 그들의 삶을 보람 있게 영위하는 능력, 장래의 성공을 좌우하는 능력 등이 모든 것의 가장 밑바탕이 되어야 할 중요한 것입니다. 그러므로 바람직한 자애심을 가지게 되면 자기 안에 숨겨진 잠재력을 최대한으로 개발할 수 있는 것입니다.

자기존경심이란, 자부심이나 허영심과는 다릅니다. 자신감을 가지고 있는 사람은 어떤 어려운 문제에 처했을 때 침착하고 냉철하게 사물을 판단할 수 있는 능력을 가지게 되며, 생활 속에서도 자기에게 맡겨진 일은 잘 마무리하고 처리합니다.

자신감이 없는 청소년들은 지나칠 정도로 수줍어하고, 의욕이 없으며, 쉽게 포기하고, 친구가 적고, 좀처럼 밖에 나가지 않거나 사람에 관해서도 부정적이며, 사람들의 외적인 것도 그대로 받아들이지 못하고 비뚤어지게 느끼기 쉽습니다.

그러면 왜 이런 현상이 빚어질까요? 세상의 모든 아이들이 전부 자기 자신에 대하여 긍정적인 이미지를 가지고 자란다고는 볼 수 없습니다. 사실 많은 청소년이 자기 자신에 관하여 심각하리만큼 부정적인 느낌을 가지고 성장한다고 합니다. 가장 중요한 사실은 자녀는 성장기, 특히 8~10세 이전에 부모로부터 어떻게 키워졌느냐에 따라서 여러 유형의 자기 모습을 갖게 된다고 합니다.

어떤 부모는 자녀를 과잉보호해 키웁니다. 그런 사람일수록 자녀가 실패하거나 자녀가 실망시키는 일들로부터 회피하려고 노력합니다. 이런 양육태도는 자녀들이 그 자신의 문제를 차근차근 처리하는 능력을 배우는 것을 방해합니다. 그렇게 되면 자녀들은 모든 일을 부모에게 의지하게 됩니다.

또 어떤 부모들은 자녀들의 잘못을 너무 들추어냅니다. 그런 부모일수록 자녀의 조그만 잘못에도 지적을 하고 야단을 치고는 합니다. 자녀가 얼마만큼 최선을 다해서 그 일을 했는가 하는 것에는 결코 만족하지 못합니다.

자녀가 부모로부터 무조건적인 사랑을 받지 못하고 자라는 경우가 있는데, 이는 부모들이 자녀들을 사랑하기는 하나 그들의 사랑이나 감사에 대해 마음을 표현하지 않아서 생기는 것입니다. 이것은 자녀들로 하여금 충분히 사랑받고 있지 않다는 느낌을 받게 합니다. 이러한 느낌은 자녀들이 청소년 시기에 폭력적이고, 범죄에 가담하고 싶은 마음이 생길만큼 외롭고 자기 증오심으로 자신을 괴롭히도록 하는 이유가 됩니다. 이들의 대다수는 자기 존중감이 없을 뿐만 아니라 그 부모들도 마찬가지인 경우가 많습니다.

그렇다면 이런 청소년 자녀들을 어떻게 지도해야 자기 자신을 사랑하고 존중하는 마음을 갖게 할 수 있을까?

가능하다면 언제든지 자녀의 '사기'를 북돋아주십시오. 자녀에게 정성을 기울이고, 자녀가 무슨 일을 했을 때 그 일의 결과에 대해서 칭찬해 주어야 합니다.

너무 과하게 잘못을 꼬집어내지 말아주십시오. 혹 자녀가 실수를 하거나 잘못했을 경우라도 자녀가 쉽게 포기하지 않도록 격려해 주어야 합니다.

자녀들이 '책임감'을 갖도록 지도해 주십시오. 그래야 그들이 어른이 되었을 때에도 책임감을 가질 수 있는 성숙한 어른으로 성장시킬 수 있을 것입니다.

자녀가 자기 자신을 위해서 어떤 목표를 세우도록 도와주십시오. 개인적인 목표를 가지고 그것을 향해 열심히 노력하다 보면 독립심과 성취욕이 길러집니다.

자녀들과 많은 시간을 보내십시오. 그러다 보면 자녀들이 부모에게 대단히 중요한 존재로구나 하는 인식을 하게 됩니다.

자녀가 특기를 가지도록 도와주십시오. 그리고 자녀들이 학교행사에 참여하도록 도와주십시오. 이것은 그들에게 소속감을 줌으로써 사회 적응능력을 키워주게 될 것입니다. 다른 한편으로는 자녀에게 본보기가 될 수 있는 대상을 찾도록 도와주십시오.

위에 열거한 여러 일들 중에서 가장 중요한 것은 무엇보다 조건 없는 사랑을 해야 한다는 것입니다. 이런 사랑만이 자녀가 무슨 실수를 하고, 실패를 하고, 포기를 하게 될 때도 부모에게는 자기가 최고로 중요하고, 가치 있는 존재란 인식을 심어 오늘 당장 그들이 스스로를 존중하며 자랄 수 있을 것입니다.

 학교를 가기 싫어하는데 대안은 없나요?

얼마 전 학교 담임교사로부터 연락이 왔습니다. 아들의 결석일수를 말해 주는데 기가 막혔습니다. 어쩌면 좋을까요?

착실한 모범생이라도 처음 하루 결석하기가 힘들지, 일단 한 번 결석하고 나면 두세 번째는 아주 쉽게 결석하게 되는 것이 통례입니다. 결석이 늘면 곧잘 하던 과목도 자연히 어렵게 되고, 숙제 제출도 늦어져서 결국 성적이 떨어지는 등 손해가 많아집니다.

그러므로 부모들이 신경을 쓸 일은 첫째, 출·결석의 점검. 둘째, 자녀의 어려움이 무엇인가를 알 것. 셋째, 자녀에게 도움이 될 수 있는 방법을 찾아보는 것 등입니다.

그렇다고 자녀를 늘 의심하라는 것은 아닙니다. 항상 관심을 가지고 학교에서 오는 통지문과 정기적으로 가져오는 성적표에 신경을 쓰되 부모가 알지 못한 결석 혹은 지각은 그 이유를 반드시 밝혀내야 합니다.

자녀의 어려움을 알게 되면 환경이 허락하는 정도에서 최선을 다하여 도와주십시오. 공부가 정말 하기 싫어졌다거나 성적이 떨어져서 학교가기가 부담스러워졌다면 담임교사를 찾아가서 도움이 될 수 있는 구체적인 방법을 의논해 보세요. 또 학교에서 따돌림을 당하거나 괴롭히는 친구들이 있어서 학교를 멀리 하는 건 아닌지 유심히 살펴보고 이야기를 나누어 보세요. 자녀에게 늘 관심을 나타내며 "네가 힘들면 내가 도와줄게." 하는 마음가짐을 보이면 자녀들은 자신감을 갖고 잘하게 됩니다.

느낌을 알아채는
'소통' 스토리텔링

Ⓠ 십 대의 딸과 친하게 지내고 싶어요.

Ⓠ 애지중지 키운 외아들, 걱정이 태산입니다.

대화에도 길이 있다

현대 교육에서는 어디서나 대화의 중요성을 강조합니다. 특히, 오늘날에는 대화 부족으로 많은 문제가 일어나고 있는데 이런 의미에서 상담의 중요성은 나날이 증가하고 있습니다. 이러한 실정이기에 가정과 학교는 물론 직장, 종교 및 각종 모임에서도 상담을 통해서 많은 문제를 해결하고 있습니다.

다음은 상담 시 알아야 할 몇 가지 중요한 사항들입니다.

상담이란, 사람과 사람이 일정한 목적으로 직접 얼굴을 대하고 담화하는 것이며, 언어적인 수단을 통하여 문제해결을 돕는 것으로 최면이라든가 약물 등의 보조 수단을 사용하지 않는 것입니다.

일반적으로 상담이라 하면 상담자와 피상담자가 서로 마주앉아 이야기하는 것이고, 또 대체적으로 그와 같은 뜻으로 받아들여지고 있습니다. 여기서도 한 사람 대 다수, 즉 집단 상담이라든가 다수 대 한 사람, 다수 대 다수 등 제각기 그 목적에 따라 다양한 형태를 생각할 수 있습니다.

상담 시 양자의 위치는 이야기를 나누기 쉬운 위치가 좋습니다. 상담의 장소로는 일반적으로 상담실을 이용합니다. 만일 상담실이 없는 경우에는 산만하지 않고 안정감이 있는 장소를 이용하는 것이 좋습니다. 상담 시간은 한 번에 한 시간 정도가 적당합니다. 너무 시간이 길어지면 심리적인 긴장에서 오는 피로감을 느끼게 됩니다. 상담은 우선 심리적으로 안정된 분위기를 조성하는 이야깃거리로부터 시작해야 합니다. 필요에 따라서는 피상담자에게 도와주어야 할 일이 무엇인지를 알게 하고, 피상담자가 도움을 받게 된다는 생각을 가지게 함과 더불어 상담 내용은 완전히 비밀을 보장한다는 장면 구성을 해야 합니다. 상담에는 피상담자에 대하여 문제의 소재를 명백히 해서 지식이나 정보를 부여하는 인식적 측면에서 문제해결을 도와주는 문제 중심의 상담과, 피상담자의 감정적 측면의 수용과 명확한 자기실현의 방향을 깨우치게 하는 피상담자 중심의 상담, 즉 내담자 중심 요법이 있습니다. 그러나 어떤 경우에도 상담자에게는 피상담자에 대한 깊은 관심과 공감적인 이해가 전제된 포용적인 태도가 필요함은 더 말할 나위가 없습니다.

부모가 자녀에게 부적합하게 사용하는 말들

• **그런 이야기는 더 이상 듣고 싶지 않다.** 부모로서 아무리 설득하고 설명해 봐야 말을 안 듣고 계속 고집을 부릴 때

• **이게 다 너에게 좋기 때문이야.** 특정한 음식을 먹기 싫어할 때

• **나는 네 심부름꾼이 아니다.** 자녀 스스로 해야 할 일을 부모에게 해달라고 요구할 때

• **언젠가는 나한테 고맙게 생각할 날이 있을 것이다.** 아이가 싫어하는 줄 알지만 부모의 권위로 그렇게 하게 한 뒤에 덧붙이는 말

• **우리는 돈 만드는 기계가 아니다.** 무리하게 어떤 것을 사달라고 조를 때

• 넌 그거 밖에 못하니?

• 너는 언니가 돼서 그 모양이니?

• 아무 말 말고 시키는 일이나 해!

• 내가 너 때문에 못살아!

• 커서 뭐가 되려고 그러니?

동기를 구체적으로 칭찬해 주어라

칭찬은 아첨과 구별되어야 합니다. 아첨에는 성실성이 없습니다. 아첨은 편의를 위한 방편에 불과합니다. 그러나 칭찬에는 성실성이 있으며 그 사람에 대한 실증적인 평가를 하게 됩니다.

어떤 종류의 진지한 칭찬이 기대와는 반대되는 결과를 초래할 수도 있습니다. 진지한 칭찬은 칭찬을 받는 당사자에게 불만을 조성하여 불안하게 하고, 죄의식을 느끼게 하고, 빗나간 행동을 취하게 할지도 모릅니다.

확신이나 위안을 반영하고 있지 않는 칭찬도 있습니다. 비아냥거리는 언사를 쓰고 있는 듯이 들릴 때 그들에게 칭찬은 쓴 약을 삼키기보다 더 힘들게 느껴질 수도 있습니다. 어떤 소녀에게 예쁘다고 말하면 그 소녀는 얼굴을 붉힐 것이며, 또 어떤 소년에게 멋있다고 말하면 그는 그렇지 않다고 부정할 수 있습니다. 십 대가 어떤 일을 추진하고 있을 때 칭찬을 하면, 곧 그들은 결점을 꼬집어낼 것입니다.

요컨대, 어떠한 종류의 칭찬을 하기란 쉬운 일이 아님은 분명합니다. 칭찬을 하여 효과를 얻으려면 노력과 실행력이 필요합니다.

그러면 왜 십 대들이 칭찬에 대하여 부정적으로 생각할까?

칭찬을 하나의 평가로 인식하기 때문입니다. 그러므로 평가를 받는다는 것은 불안하게 마련입니다. 평가를 하는 사람은 심판대에 있는 사람과 같아서 칭찬을 받으면 (그것은 심판을 받을 것이기에) 불안한 것입니다.

칭찬은 이렇게

사실을 인정하는 식의 칭찬을 해주면(평가하는 식의 칭찬과는 반대로) 사실적인 자기 이미지를 이끌어가는 데 도움이 됩니다.

칭찬에는 두 가지 면이 있습니다. 칭찬하는 부모의 말과 칭찬을 듣는 십 대의 결론입니다. 부모가 칭찬을 하고 나면 십 대들은 다시 그 칭찬에 대해 생각한다는 것입니다.

그렇게 때문에 부모는 자녀의 공로나 노력, 결과, 일, 창조성 등에 대하여 자신이 좋아하는 것이 무엇이며, 어떻게 인식하고 있는가를 구체적으로 말해 주세요. 특별한 사건에 대하여 말하고 또한 특별한 느

껌에 대하여 말해 주세요. 그러면 십 대의 자녀들은 자신들의 인격이
나 개성에 대하여 일반적인 결론을 내립니다. 부모가 내린 판단이 실
제적이어서 자녀에게 공감이 간다면 그 자녀는 적극적이고 건설적인
결론을 내릴 것입니다.

교육심리학자 기너트 박사가 제시하는 칭찬의 예

도움이 되는 칭찬 : "차를 닦아주어서 고맙구나. 새 차처럼 보이네!"

자녀의 가능한 결론 : '내가 좋은 일을 했구나. 나도 차를 깨끗이 닦
을 수 있어. 아버지가 무척 기뻐하는 걸 보니…….'

도움이 되지 않는 칭찬 : "넌 참 훌륭해. 너의 차 닦는 솜씨는 전문가 같구나.

도움이 되는 칭찬 : "생일 선물 고마웠다. 선물이 어떻게나 우스운지 난 웃느라고 혼났어. 하하하!"

자녀의 가능한 결론 : '내가 선물을 잘 선택했구나. 나에게도 선택하는 능력이 있어. 좋은 경험이야.'

도움이 되지 않는 칭찬 : "너는 언제나 아주 사려가 깊은 아이야."

도움이 되는 칭찬 : "내 지갑을 찾아주어서 고맙구나. 정말 고맙게 생각하고 있단다."

자녀의 가능한 결론 : '나의 정직한 행동이 칭찬을 받는구나. 노력한 보람이 있어. 나도 기쁘다.'

도움이 되지 않는 칭찬 : "넌 언제 봐도 아주 정직해."

도움이 되는 칭찬 : "네가 만든 책장이 마음에 드는구나. 아주 실용적이고 보기도 좋아!"

자녀의 가능한 결론 : '내가 좋은 일을 했구나. 나에게도 재주가 있었어.'

도움이 되지 않는 칭찬 : "넌 참으로 훌륭한 목수로구나!"

도움이 되는 칭찬 : "엄마 마음에 들게 방을 깨끗이 치웠구나. 모든

것이 제자리에 잘 정돈되었네."

자녀의 가능한 결론 : '내가 좋은 일을 했어.'

도움이 되지 않는 칭찬 : "야, 정말 놀라 기절하겠구나!"

도움이 되는 칭찬 : "네가 쓴 수필이 마음에 들더라. 엄마에게도 무언가 도움이 되었어."

자녀의 가능한 결론 : '나에게도 독창력이 있었어.'

도움이 되지 않는 칭찬 : "넌 참으로 훌륭한 작가야, 물론 맞춤법에 유의는 해야 하겠지만⋯⋯."

도움이 되는 칭찬 : "네가 쓴 시를 읽고 나는 다시 젊어진 것 같았어. 그 시는 정열적이고 생기가 넘쳐 있었어."

자녀의 가능한 결론 : '나의 서정시가 감동을 주고 있구나. 나도 재능이 있어.'

도움이 되지 않는 칭찬 : "너는 참으로 건설적인 시인이다."

도움이 되는 칭찬 : "네 노래를 들으니 일어나서 춤을 추고 싶구나. 그냥 의자에 앉아 있으려니 좀이 쑤시는데."

자녀의 가능한 결론 : '내 노래가 사람들에게 감명을 주는구나.'

도움이 되지 않는 칭찬 : "넌 참으로 훌륭한 가수로구나!"

부모도 십 대의 사춘기는 있었다

사춘기의 십 대들은 술 마시는 것을 성숙의 상징으로 봅니다. 그들은 성인이나 부모의 권유를 부정하기 위해 술을 마신다는 둥 술을 마시는 이유에 대한 궤변을 늘어놓기도 합니다.

십 대에게 있어 음주는 일종의 허세이며, 성인이 되었다는 일종의 선포입니다. 술을 마시는 것으로 십 대들은 불안을 은폐하고 의존감이 없음을 억지로 나타내려고 하는 것입니다. 반항적인 십 대일수록 더 일찍부터 술을 마시면서 어른들이 누리는 쾌락을 추구하려 듭니다. 권위에 대한 울분과 반항 때문에 술을 마시는 셈입니다.

십 대들에게 술을 마시지 못하게 하기 위해서는 십 대들의 인격과

성격을 강화시키는 한편, 십 대들의 신분으로는 술을 마시는 것이 마
땅치 않다는 것을 강조해야 합니다.

십 대들이 올바르게 술을 거절하는 법을 배우는 데에는 부모의 도움
이 필요합니다. 혹 누군가 술을 권유할 때는 "감사합니다만 사양하겠
습니다."라고 가볍게 거절할 수 있는 여유를 갖도록 교육해야 합니다.

흡연도 빼놓을 수 없는 심각한 문제입니다. 요즘은 여기저기에서
담배를 피우는 남녀 학생들을 심심치 않게 목격합니다. 담배를 피우
는 자녀가 있으면 현장에서 변명을 못하게 일단 조치를 취하고 짧고
따끔하게 훈계를 해야 합니다. 그리고 음주와 흡연이 건강에 좋지 않
음을 주지시켜야 합니다. 가장 성장이 빠른 시기에 신성한 육체가 니
코틴, 알코올 등에 침투당하면 성장에 해악을 끼친다는 것을 이해시
켜야 합니다.

십 대들에게 술, 담배 등을 못 하게 하면, "아버지는 술, 담배를 하
면서 왜 나는 안 되느냐?"고 항의를 하기도 합니다. 또 "어머니는 왜
커피를 하루에 몇 잔씩 마시느냐?"고 묻기도 합니다.

부모의 일거일동은 자녀의 모범이 되어야 합니다. 따라서 십 대들
의 음주나 흡연을 못하게 하는 최선의 방책은 부모 자신이 담배와 술
에 대한 확고한 의지를 세우고 실천하는 것입니다.

십 대 자녀들과 함께 떠나는 가족 여행은 무척 어려운 일이지만
성공적으로 이루어진다면 일상적인 생활에서 떠나 서로의 관계를 개

선하고 이해할 수 있는 계기가 될 수 있습니다. 자녀와의 성공적인 가족 휴가를 보내려면 상호 간의 필요를 이해하며 존경해 주는 것이 우선적이라고 전문가들은 조언합니다.

초등학교 때는 무난했던 자녀들이 십 대가 되면서부터는 가족과 잘 어울리지를 못하는 경향이 있습니다. 부모가 의미 있어 하는 일에 십 대들은 싫증을 낼 수 있기 때문이죠. 십 대들이 가족여행 중 싫어하는 곳은 미술관이나 기타 장소로 관광을 따라다니는 일입니다. 사실 아이들은 자기들만의 공간에서 휴대폰이나 게임 삼매경에 빠지는 것을 더 즐겨 합니다.

또 다른 이유로는 자녀들은 독립해서 있기를 원한다는 것입니다. 부모와는 될 수 있는 대로 떨어져 있기를 원합니다. 어머니와 함께 영화를 보러 가도 몇 자리 떨어져 앉기를 원하는 친구들도 있습니다.

또 십 대들의 특징으로는 또래의 친구들과 어울리기를 좋아합니다. 이러한 성향 때문에 이 시기의 자녀를 둔 부모들은 그들의 안전을 걱정합니다. 그렇다고 만일 부모가 자녀를 구속하게 되면 그들은 반항을 하게 됩니다. 하지만 십 대 자녀의 친구관계는 무척 중요하므로 부모가 잘 관찰해 보아야 할 부분입니다.

사회 각 단체 중에는 십 대들을 위한 건전한 프로그램을 제공하는 곳도 많습니다. 이러한 프로그램은 부모도 안심시키고 십 대들을 만족시킬 수 있는 모험적이고 독립적인 것으로 마련되고 있습니다. 하지만 조직적인 활동이나 특별 시설이 되어 있다고 해도 모든 십 대가

다 즐길 수 있는 것은 아닙니다. 열다섯 살 이상의 십 대들은 자기보다 어린 친구들과 어울리기를 원치 않는 경우가 많습니다. 그러므로 부모는 자녀의 의사를 정확히 파악하고 조건에 맞는 프로그램을 권해야 합니다.

십 대 자녀와 가족 여행 시 참고해야 할 사항

- 처음부터 여행 계획을 함께 세워 무리한 요구를 하지 않는다. 자녀들이 좋아할 수 있는 스포츠가 포함된 여행 패키지를 택한다.
- 서로의 사생활을 침해하지 않도록 시간표를 짠다. 따라서 자녀의 숙소도 부모와 인접해 있는 다른 방을 쓰도록 하는 것이 좋다.
- 십 대 자녀에게 아침 일찍 시작하는 프로그램을 억지로 시키지 않는다.

자신감은 부모의 믿음에서 자란다

자신의 의견이나 주장을 논리적으로 전개시킬 수 있는 능력은 현대를 살아가는 모든 사람에게 가장 중요하게 요구되는 능력 중 하나입니다.

자녀에게 자신감이나 의사표현 능력을 길러줄 수 있는 교육이야말로 최선의 교육이라 해도 과언이 아닙니다. 그럼에도 불구하고 아직까지 가정이나 학교에서 아이들의 자신감이나 의사표현 능력을 저해하는 일들이 빈번하게 일어나고 있는 것이 사실입니다.

일반적으로 전제적이고 독재적인 부모 슬하의 자녀일수록 자신감이 결여되어 있으며 발표력이 저조한 것을 볼 수 있습니다. 부모와 자녀 사이의 대화는 찾아보기 어렵고, 오로지 명령과 복종의 상하 관계가 존재할 때 자녀는 소심해지기 쉽습니다. 자녀가 말만 하면, 시끄럽다든지 조용히 있으라든지 하는 부모의 무의식적인 반응으로부터 자녀의 자신감은 손상되고 발표력은 감소되는 결과를 가져옵니다. 아이들의 자신감은 하루아침에 형성되는 것이 아닙니다. 출생 직후부터 아이들은 매일매일 계속되는 부모와의 접촉을 통하여 점진적으로 자신감을 키워나갑니다.

출생 후 일 년 동안 영아는 부모의 애정과 적절한 보살핌에 의해 사람과 세상에 대한 신뢰감을 형성하게 됩니다. 영아는 세상에 대한 신뢰를 바탕으로 새로운 경험이나 다른 사람에 대해 마음 놓고 적극적으로 접촉해 보려는 자신감을 가질 수 있습니다. 그러나 충분한 욕구 충족을 경험하지 못하고 부모의 애정을 신뢰하지 않는 영아는 성장 후 사람과 세상을 불신할 가능성이 큽니다.

영아는 두세 살이 되면 혼자서 무엇이든 해보려고 시도합니다. 혼자서 밥을 먹고 옷을 입으려고 하며, 혼자 걷기를 원합니다. 이때 부모가 유아에게 적절한 자유와 선택의 기회를 제공해 주면 유아의 자율성이나 자신감이 육성될 가능성이 있는 반면, 유아의 행동을 지나치게 통제하고 간섭하면 위축되고 자신감 없는 성격을 형성하기 쉽습니다.

유치 연령의 아이들은 그들의 뛰어난 상상력을 바탕으로 사고하고 행동하며 무슨 일이든지 스스로 하기를 원합니다. 관심이나 호기심이 왕성하고 매사에 참여하고자 하는 경향을 나타냅니다. 이때부터 부모가 칭찬해 주고 격려해 주면 야망과 포부에 찬 아이로 성장할 수 있는 반면, 말썽을 부린다거나 집안을 어질러 놓았다고 야단치고 꾸중하면 죄의식과 열등감에 빠져 매사에 자신감을 잃게 됩니다.

우리의 학교 환경도 학생들의 자신감을 길러주기 위한 바람직한 환경이 조성되지 못하는 경우가 많습니다. 수십 명의 학생들을 교사 한 사람이 지도하다 보면 모든 학생을 적절하게 보살피고 적시에 관심을 표명하기가 어렵습니다. 또한 일률적인 주입식 교육은 학생 개개인의 발표 기회를 감소시키고 있는 형편입니다. 만약 아이의 잘못된 발표를 비난하고 무안을 주거나, 설상가상으로 동의하는 질문 자체를 수업 방해라고 몰아붙이는 교사가 존재한다면 자신감에 찬 유능한 인재를 육성할 수 있는 가능성은 지극히 적어질 수밖에 없게 될 것입니다.

이와 같이 발표력이나 자신감은 출생 후의 성장 과정 동안 점진적으로 형성되는 개인의 특성이기 때문에 하루아침에 개선하거나 신장시킬 수는 없는 일입니다. 우선, 자녀들이 하는 일을 자주 칭찬해 주고, 조그만 표현이나 사소한 의견도 언어로 표현하도록 격려하고 보상해 주어야 합니다. 물질적인 보상보다는 껴안아주는 등의 애정 표현 방법이 더 효과적일 것입니다.

발표력을 길러주는 학원에 보내는 것도 도움이 될 수 있겠지만, 무엇보다도 중요한 것은 자신의 의견을 정리하여 언어로 표현할 수 있도록 격려하고 자극하는 환경을 조성해 주는 것입니다. 일주일에 한 두 번 정도로 자신의 생활에 관한 이야기나 하고 싶은 일, 혹은 부모에 대한 요구사항을 허심탄회하게 이야기할 수 있는 가족모임이나 가족회의를 위한 시간을 정기적으로 가질 수 있다면, 자녀의 발표력 신장에 도움이 될 수 있을 것입니다. 다른 사람이 써놓은 글을 무조건 기계적으로 암기하여 발표하게 하는 것은 큰 도움이 되지 못합니다.

소통을 잘하는 사람은 이유가 있다

교사와 학생 간의 적합한 의사소통

적합한 의사소통은 교육을 개혁시킬 수 있습니다. 이것은 교육의 핵심입니다. 학교에서는 학생의 개성을 풍부하게 하고 그들의 삶을 품위 있게 하기 위한 적절한 의사소통이 아직까지 강력하게 시도되지는 못하고 있는 것 같습니다. 교사는 인간관계라는 것이 참으로 복잡하다고 하는 점을 미리 인식하고 교육에 임하도록 해야 합니다.

교사는 일과 중에 반드시 다음과 같은 점을 생각해야 합니다.

• 학습 동기를 유발시킨다.

- 자율성을 권장한다.
- 자부심을 갖도록 한다.
- 불안을 없애준다.
- 공포심을 없애준다.
- 욕구 불만을 해소시킨다.
- 격분을 가라앉힌다.
- 갈등을 해소시킨다.

교사에게는 의사소통을 원활히 할 수 있는 고도의 능력이 필요합니다. 생각 있는 교사는 말도 재치 있게 합니다. 이러한 교사일수록 학생들이 실제로 배우는 것이 교사 자신의 태도에 달려 있음을 알고 있습니다. 학생에 대한 이해를 보이는 적합한 언어와 감정 표현법을 알고 있습니다. 그러므로 이러한 교사는 학생을 바람직하지 못한 방향으로 이끄는 대화를 피합니다. 또 비난하거나 속이는 일을 하지 않으며, 모욕을 주거나 위협을 하는 따위의 일도 하지 않습니다. 그들은 학생을 상처 입히기 쉬운 언사나 수사학적인 언변으로 괴롭히지도 않습니다.

적절한 대화는 좋은 결과를 가져옵니다. 이러한 효과적인 대화의 기술은 배움을 통해, 또 많은 수단과 훈련을 통해 습득할 수 있으며 자연적으로 얻을 수 있는 성질의 것은 아닙니다. 어느 기술이나 마찬가지로 숙달이 요구되며 모든 예술에서처럼 선택도 필요로 합니다.

원만한 인간관계를 갖기 위해서는 설령 사실이 아니라 할지라도 그저 듣기 좋게 말하는 것은 괜찮지 않으냐고 스스로 위로하는 교사들도 있습니다. 하지만 이것은 마치 건강하다고 해서 독이 있는 음식물을 마구 삼키는 것과 다를 바가 없습니다. 한 가지 주의할 점은 교사는 인위적이면서 동시에 효과적일 수는 없습니다. 거짓이나 위선이야말로 교사에게 가장 위험스런 요소이며 허세와 거짓된 사람은 탄로가 나게 마련입니다. 즉, 진실성이 결여된 대화의 기교는 곧 그 정체가 드러나고 맙니다. 교사와 학생 사이의 관계에서 사랑과 신뢰 이외에 절대적인 대안이란 아무것도 없습니다.

교사와 면담 시 대화법

개학 후 한 달을 전후로 새 학년이 된 자녀를 맞은 교사들과 학부모는 만남의 시간을 갖습니다. 교사와의 개인 면담 시 학부모는 자녀 성적의 고하보다는 자녀가 자신의 능력을 제대로 발휘하고 있는지, 학교에서 문제는 없는지, 급우들과 잘 어울리는지, 새로운 분위기에 잘 적응하는지 등을 확인하는 것이 필요합니다. 특별히 학생과 교사와의 사이가 좋지 않을 때는 드러내 놓고 말하기가 어렵지만 꾸준하고 지속적인 개인 면담을 통하면 문제를 해결할 수 있습니다.

대다수 부모는 교사와의 면담 시 대화법을 몰라 어려움을 겪는데 교육상담가인 아서 포버가 조언하는 지혜로운 질문법을 소개하고자 합니다.

교사와 자녀 사이에 개인적인 갈등이 있는지를 알아볼 때

Q "우리 아이가 정리정돈을 잘 못합니다. 교실이 매우 깨끗한데 어떻게 우리 아이의 습관을 고칠 수 있을까요?"

A 부정적인 입장–"책상이 아주 지저분합니다. 어쩔 수가 없네요."

온건한 입장–"깨끗이 치울 때마다 칭찬해 주고 있어요."

교사가 지쳐 있는지를 살펴볼 때

Q "다음 달에 야외학습을 계획하면 제가 먼저 다른 부모의 도움을 받아 예약해 놓겠습니다."

A 부정적인 입장–"일이 번거롭겠네요."

환영하는 입장–"아주 고맙네요. 미리 계획을 세우겠습니다."

교사가 자녀에 대해 잘 알고 있는가를 알아볼 때

Q "아들애가 야구를 무척 좋아하는데 알고 계세요? 취미를 살려줄 방법이 없을까요?"

A 무관심한 입장–"전혀 들은 바가 없는데요."

긍정적인 입장–"야구장 그림을 그린 것을 봤어요. 제일 만나고 싶은 야구선수에 대해 작문을 써보라고 해야겠어요."

자녀가 충분히 교사의 관심과 지도를 받고 있는지 알아볼 때

Q "독서 시간에 소규모 그룹으로 나누어 지도한다고 들었는데 다

른 과목도 그렇게 운영하나요?"

A 부정적인 입장-"각 과목을 일일이 나눠 지도하기가 힘듭니다."

긍정적인 입장-"일주일에 세 번씩 사회와 과학 시간을 그룹으로 나눠 지도하고 있습니다."

교사 · 부모 면담 시 서로 배려할 사항

교사가 부모를 위해

• 편안한 분위기를 마련할 것.

• 면담 시간의 조절 가능성과 소요 시간 등을 알릴 것.

• 자녀의 장단점을 알리는 동시에 자녀에 대한 부모의 깊은 관심을 이해할 것.

• 자녀의 태도 및 성적 향상에 대해 자세히 설명할 것.

• '자녀의 학교생활이 어떤가?'와 같은 막연한 질문에도 자세히 대답할 것.

• 부모가 잘 모르는 전문 용어는 피하고 쉽게 이야기할 것.

• 가정에서 자녀를 도와줄 수 있는 실질적인 방법을 알릴 것.

• 학력고사 결과에 대해 자세히 설명할 것.

• 교사 외의 전문가가 면담에 참석할 경우 미리 부모에게 알릴 것.

• 이혼한 부부의 경우 양쪽 부모 모두에게 대화 창구를 열 것.

• 개인 사정에 대해 비밀을 지킬 것.

• 자녀가 학교생활에서 성공할 수 있는 기분이 들게 용기를 북돋

워주자고 할 것.

부모가 교사를 위해

- 면담 시간을 지키고 자신에게 할당된 시간을 초과하지 말 것.
- 질문이나 상의 내용을 준비할 것. 교사의 응답에 동의하지 않을 경우 적절한 반응을 보일 것.
- 자신의 세대와 자녀 세대의 학교생활은 같지 않다는 것을 이해할 것.
- 자녀의 학습 장애 문제를 두고 교사를 비난하지 말 것. 대신 자녀를 도울 수 있는 방법을 문의할 것.
- 자녀교육에 관한 과거의 성공담을 얘기하고 의견을 말할 것.
- 교사의 노고에 감사의 말을 할 것.
- "자녀가 수업 시간에 집중하나요?", "토의 시간에 참여하나요?", "현재 문제는 없는가요?" 등의 질문을 구체적으로 할 것.
- 교사가 모든 문제를 해결할 수 없음을 이해하고 면담 때는 솔직하고 친근한 자세를 보일 것.
- 학교 수업에 관계되는 가정 사정을 들려줄 것.
- 자녀가 학교생활에 어려움을 겪을 때 부모의 참여는 귀중한 힘이 됨을 인식할 것. 사춘기 자녀는 부모의 간섭을 싫어하지만 학교와 계속 연락하고 자녀의 학업에 관심을 보일 것.

교사의 마음을 움직여라

  교사를 만나는 것은 교육에 관한 정보를 교환하기 위해서입니다. 교사도 학부모가 무엇을 어떻게 생각하는지를 알고 싶어 합니다. 교사를 만나기 전에는 먼저 자녀와의 시간을 가지고 질문 리스트를 작성하는 것이 좋습니다.

  다음은 학부모가 교사를 만날 때 준비해야 할 질문과 주의해야 할 점입니다.

교사를 만날 때 해야 하는 질문

• 자녀가 학급에서 어떻게 하고 있는가?

- 문제가 있다면 무엇이며, 부모로서 도울 수 있는 길은 무엇인가?
- 숙제에 대한 교사의 방침은 무엇이며 자녀가 과제물을 하지 않았을 때는 어떻게 해야 하나?
- 숙제하는 데 얼마만큼의 시간을 써야 하며, 얼마나 자주 숙제를 내주는가?
- 시험은 얼마나 자주 치르며, 내 자녀의 수준은 어느 정도인가?
- 교사와 다시 면담을 하고 싶을 때는?
- 자녀의 적성을 파악하고 있는가?
- 진학교육에 대해서 어떤 종류의 상담과 준비를 시키고 있는가?
- 학교는 진로교육 프로그램을 갖추고 있는가?
- 대학 진학을 위한 개인별 상담은 어떤 종류를 하고 있는가?
- 대학 입학원서를 작성하는 데 도움을 받을 수 있는가?

학교와 자녀의 교실을 방문할 때 유의할 점

- 학교 내에 전시된 전시물들을 봄으로써 학교에서 자녀가 무엇을 배우는지를 알아볼 수 있다.
- 카운슬링이나 기타 특수한 자문을 받을 수 있다.
- 특별히 교실 게시판에 붙여놓은 것들에 유의하며, 자녀의 작품이 전시될 경우 꼭 봐야 한다.
- 학교 주변의 정돈과 청소가 잘 되어 있는지 볼 것이며, 미비한 곳은 교장이나 학부모회에 알리도록 한다.

그 밖의 질문 사항들

- 도서관·컴퓨터실·미술실·음악실 등 기타의 특별 교실이 있는가?
- 결석에 대한 학교 방침은 무엇이며 자녀의 결석 시 부모가 해야 할 일은 무엇인가?
- 아침 일과는 무엇이며, 학생들은 그 시간에 주로 무엇을 하며 방과 후의 활동은?
- 벌에 대한 방침은? 학생이 잘못했을 때 학교에서는 어떻게 하는가?
- 학부모가 학교활동에 참여할 수 방법은 어떤 것들이 있으며, 추천하고 싶은 것은 무엇인가?

학교 방문 후 자녀와 할 수 있는 일들

방문 후에는 자녀와 학부모회의의 결과를 이야기해서 장점을 강조해 줍니다. 아울러 자녀의 학업 증진을 위해서 다음과 같이 계획을 세우는 것이 좋습니다.

- 매일 밤 숙제를 할 수 있도록 시간과 장소를 정해준다.
- TV나 휴대폰을 덜 보게 한다.
- 혼자 또는 부모와 함께 책을 많이 읽게 한다.
- 잠자리에 일찍 드는 습관을 들이게 한다.

학부모가 지속적으로 해야 할 일들

- 교사와 항상 연락을 취한다.
- 학부모회는 가능하면 참석하도록 한다.(자녀에게 많은 도움이 됨)
- 교사가 면담을 요청 시 응하도록 한다.
- 교사에게 자녀의 취미와 특기, 학습 습관, 건강 문제, 집에서 일어났던 특수한 일들(예를 들어 가족의 사망)로 학업에 지장을 줄 수 있는 것들을 알린다.

원활한 소통을 위한 자녀교육 10계

아이가 부끄러워하고 수줍어하는 이유로는 다음과 같은 두 가지를 생각해 볼 수 있습니다.

첫째, 자아의식이 싹텄기 때문입니다. 자아의식이란, 자신의 신체와 생각이 타인의 신체나 생각과는 별개의 독특한 것이라는 사실을 인식하는 것입니다. 자아의식이 싹트기 이전의 어린 아이들은 자신이 어떤 행동을 한다고 할지라도 부끄러워하지 않고 타인을 의식하지도 않습니다. 자아의식이 강한 아이일수록 타인을 의식하고 보다 유능하고 멋진 사람으로 비춰지기를 기대하기 때문에 수줍어하게 됩니다.

둘째, 아이의 불안 수준이 높고 자신감이 결여되어 있을 때입니다.

물론 자신감의 결여도 자아의식을 바탕으로 하고 있기는 하지만 자신감의 결여는 누적된 실패에 기인한 것입니다.

태어날 때부터 기질적으로 불안 수준이 높은 아이가 있기도 하지만 출생 후의 환경적 영향이 아이의 불안 수준을 결정한다고 해도 과언이 아닙니다. 가정이 화목하지 못하고 서로 싸우고 미워하면 아이의 불안 수준이 높아질 수밖에 없습니다. 특히 부부싸움은 아이를 정서적으로 불안정하게 만드는 직접적인 원인이 됩니다.

아이의 수줍음을 고쳐주기 위해서는 일상생활 속에서 아이를 격려하고 칭찬해 주세요. 잘못한 행동이나 마음에 들지 않는 행동에 대해서 비난하고 질책하기보다는 무관심하거나 무시하려고 노력해야 합니다. 결과가 잘못되었다고 할지라도 아이의 의도나 노력 정도를 높이 평가함으로써 아이를 격려해 주는 것이 바람직합니다.

자신감은 하루아침에 형성되는 것이 아닙니다. 시간을 필요로 합니다. 부모의 노력에도 불구하고 아이가 여전히 수줍어하더라도 인내심을 가지고 노력하십시오.

"이 바보야. 그 말도 못 하니?"라는 질책은 아이의 적극성을 길러주는 데 방해가 될 뿐입니다. 가정 내에서의 칭찬이나 격려는 아이의 사회성을 키워주는 데 도움이 될 것입니다.

1. 아이를 너무 떠밀지 마라. 빨리 자라는 것이 잘 키우는 것이 아니다.

그러잖아도 요즘 아이들은 보고 듣는 곳이 너무 많아 너무나 빠르게 성장하고 있다. 아이가 어른을 흉내 낸다면 무엇인가 잘못되어 있는 것이다. 아이는 아이다워야 한다. 게리 다우닝 박사는 "빨리빨리 세상에서 떠밀고 경쟁시켜 현대의 아이들은 욕심스러워지고 아이들의 심성이 타락하고 있다."라고 경고한다.

2. 아이를 얕보지 마라. 그들의 세계는 부모의 관찰보다 훨씬 깊다.

아이들의 눈물은 부모의 관찰보다 더 깊은 원인이 있을 수 있다. 눈물의 속을 보고 그 근원이 쓰면 달게 만들어주어야 한다.

아이들의 생각은 부모의 관찰보다 깊을 수가 있다. 어린아이 취급하지 말고 이해하도록 노력한다. 고집스럽고 말을 안 들어도 아이들의 마음은 부모의 관찰보다 부드럽다. 더 굳어지지 않도록 사랑의 물을 주어라.

3. 감정을 퍼붓지 마라. 아이는 어른의 감정을 쏟는 휴지통이 아니다.

"오늘은 TV 보지 말고 공부해!" 손님이 왔을 때는 "옆에서 성가시게 하지 말고 가서 TV나 봐!" 하는 것은 감정적인 지도이다.

아이 지도는 자기감정의 영향을 떠나 원칙과 일관성이 있어야 한다. 교육은 언제나 부모가 중심이 아니라 아이가 중심이어야 한다.

4. 아이에게 이기려고 하지 마라. 가정은 전쟁터가 아니다.

교육의 성공은 부모의 요구가 승리하는 것을 뜻하지 않는다. 교육은 이기고 지는 싸움이 아니다. 부모와 자녀 사이에서 누가 이겼다고 하면 둘 중 한 쪽은 양보한 것이다. 양보의 상태가 교육이 잘 된 상태는 아니다. 둘 다 이긴 것이 아니면 둘 다 진 것이다. 대립을 피하는 것이 교육이 아니다. 많은 경우에 있어 대립은 성장에 도움이 되고 부모와 자녀의 관계를 더 견고하게 만든다.

5. 칭찬을 아끼지 마라. 칭찬보다 나은 보약이 없다.

칭찬은 안심하게 만들고 격려가 되며 마음을 열게 한다. 칭찬은 잘한 것에 대한 확인이 됨으로써 다음 기회를 위한 자극이 된다. 인정받은 기쁨은 용기를 주고 다른 사람도 인정하는 긍정적인 태도를 키운다. 하지만 사실에 근거하지 않은 칭찬, 과장된 칭찬은 역효과를 가져온다.

6. 아이를 내 소유라 생각하지 말고 감사함으로 대접하라.

아이는 하늘로부터 맡겨진 생명이다. 친부모도, 양부모도, 교사도 자신에게 맡겨졌음에 감사하고 잘 키워 세상에 꼭 필요한 인재가 되도록 사명감을 가지고 교육해야 한다. 이 감사와 천부의 사명감은 남자아이거나 여자아이거나, 그 생김새나 능력에 관계없이, 심지어 심신장애 아이일지라도 차별이 없어야 한다.

7. 자신의 위치를 망각하지 마라. 부모가 최상의 교재이다.

아이에게 필요한 것은 비평이 아니라 모범이다. 훈계보다 모범을 보이는 것이 더욱 효과적이다. 말로 가르치는 것보다 몇 배 더 영향을 주는 것은 부모 자신의 언행이다.

8. 아이의 현재만을 보지 말고 그 가능성과 미래상을 보아라.

아침이 낮을 예언하듯 아이는 어른을 예언하며, 작은 씨가 큰 나무를 기약하듯 아이는 미래의 세계를 기약한다. 그러므로 아이에게서 볼 것은 현실이 아니라 꿈과 장래이다.

9. 아이를 일반화하여 보지 마라. 한 명 한 명은 모두 특별하다.

사람이 평등하다는 말은 그 귀중함에 있어서 평등하다는 것을 뜻하는 동시에 그 차이점이란 면에서도 공평하다는 뜻이다. 어느 아이든지 나름대로의 소질과 개성이 있다. 그것이 차이점이면 이 차이점을 발달시키는 것이 교육이다. 이것은 신이 내린 신기하고도 귀중한 선물이므로 '차이점이 신성함'이라고 받아들이는 것이 지혜로운 부모이다.

10. 강요도 아부도 삼가라. 진실을 보일 뿐이다.

토머스 골든은 강요와 억압을 제1법, 아부와 타협을 제2법이라 구분하고 이 양자의 결함을 보충하는 것이 제3의 법, 곧 진실을 품은 사랑의 표현이라고 한다. 매도, 책망도, 훈계도 진실의 발로가 되어야 한다.

자녀의 학교생활을 돕는
24가지 방법

부모의 관심과 대화는 자녀 성공의 열쇠

화려한 성적표, 훌륭한 학교, 윤택한 가정환경이 자녀를 성공적으로 이끄는 지름길이 아니라는 내용의 한 보고서가 발표되었습니다.

그렇다면 어떤 요소들이 성공의 바탕이 될 수 있을까?

미국의 『패밀리 서클 Family Circle』지에 게재된 갤럽여론조사 결과를 보면, 아버지의 관심, 부모 자식 간의 잦은 대화, 어린 시절 부모 보호 아래서 부여하는 건전한 자유, 자녀의 흥미와 목표에 대한 존경 등이 성공의 요소들로 나타났습니다.

편집인 수잔 웅가로는 자녀의 천재적인 두뇌나 특별한 과외활동 등이 실제로 성공의 열쇠가 아니며, "자녀에 대해 시간과 개인적 관심을 쏟는 것이 부모가 줄 수 있는 가장 중요한 선물이다."라고 말했습니다.

아래의 조사는 업계, 연예계, 스포츠계, 정계, 예술계, 과학계 등지에서 성공을 거둔 237명을 대상으로 아동기에 관해 묻는 한편, 이들 부모와의 인터뷰를 실시한 결과입니다. 또 자녀의 성공 여부에 관계없이 선택한 294명의 부모도 함께 비교 조사해 보았습니다. 그 결과 나타난 몇몇 상황을 살펴보면 다음과 같습니다.

- 성공한 사람의 아버지 중 50%가 자녀에게 상당 시간 헌신했다고 말한 데 비해, 후자의 경우 37%만이 이같이 응답했다.
- 성공한 사람의 아버지 중 23%가, 그리고 그렇지 못한 경우 21%가 자녀가 흥미 있어 하는 데 충분한 재정적 지원을 해줬다고 한다.
- 성공한 사람의 어머니 중 38%, 또 아버지 중 40%가 주말 낮 동안 몇 시간씩 자녀를 집에서 자유롭게 시간을 보내게 했으며, 그렇지 못한 그룹의 경우 각각 35%, 22%가 이같이 말했다.
- 성공한 사람의 어머니 중 70%, 아버지 중 67%가 자녀와 자주 대화를 나눴다고 했으며, 그렇지 못한 그룹은 각각 61%, 56%로 나타났다.

수잔 웅가로는 "성공한 사람들의 부모는 자녀가 맹목적인 추종자가 되기를 원치 않았다. 그들은 자녀가 스스로 운명을 결정짓는 것으로 보았으며 부모는 단지 방향을 돕는 정도로 여겼다."고 덧붙였습니다.

그렇다면 우리는 자녀들의 생활을 대부분 차지하는 학교생활을 어떻게 도울 수 있는지 살펴보겠습니다.

1. 건강을 보살펴라. 보고, 듣고, 느끼는 것은 배움의 기본이다. 정기적인 진찰을 받도록 유의해야 한다.

2. 대화를 하라. 자연스럽게 그러나 너무 어리광을 들어주면 안 된다.

3. 자녀의 말에 귀를 기울여라. 자녀를 가르치려면 우선 자녀가 무엇을 생각하는지를 알아야 한다.

4. 칭찬을 하라. 칭찬과 더불어 부모의 관심을 보여주어야 한다.

5. 인내가 필요하다. 자녀가 실수를 반복해도 화를 내면 안 된다. 보통 아이들은 새로운 사실을 배우는 데 열다섯 번의 반복이 필요하다.

6. 비교하지 마라. 모든 아이는 개개인의 특성이 있다.

7. 공부할 수 있는 환경을 조성해 주어라. 가능한 한 집 안을 조용히, 가족 모두가 자신의 일은 자신이 하는 습관을 가지며 TV는 삼가야 한다.

8. 규칙적인 학습 습관을 갖도록 하라. 숙제가 없더라도 일정한 시간을 공부에 할당하는 습관을 권장해야 한다.

9. 잠자는 시간을 지키게 하라. 늦게 잠자리에 들면 다음 날 학교 수업에 지장이 있다.

10. 학교를 결석하게 하지 마라. 뒤처진 진도를 회복하려면 힘이 든다.

11. 학교에서 어떻게 지내는지 정확하게 파악하라. 만약 자녀에게 어떤 문제가 엿보이면 학교에서 연락 오기를 기다리지 말고 즉시 담임교사를 방문, 상의하도록 한다.

12. 가족 시간을 만들라. 가족끼리의 대화는 자녀의 자신감을 키워주며, 밖에서 자신의 의사표시를 정확하게 하도록 도울 수 있다.

13. TV 프로를 잘 선택하라. 일주일에 한두 번은 가족끼리 둘러앉아 TV를 시청하며 서로의 견해를 이야기하는 것도 좋다. TV는 간접경험의 좋은 수단이며, 아이들은 TV를 통해 많은 것을 배울 수도 있다.

14. 종종 견학을 하라. 방학이나 주말을 이용해 과학관, 박물관, 공장, 재래시장 등에 가본다. 반드시 부모가 동반해야 함에 유의해야 한다.

15. **책을 읽어 주라.** 읽어 주다가 중간중간 이야기 내용을 질문하여 주의를 환기시키면 이야기 내용을 요약하는 능력을 길러줄 수 있다.

16. **자녀가 읽는 책에 관심을 가져라.** 자녀가 읽는 책은 그 아이의 성숙도와 취향을 말해 준다.

17. **자녀가 읽고 있는 책에 대한 독후감이나 발표를 유도해 보라.** 학교 공부에도 아주 도움이 된다.

18. **같이 공부하라.** 부모가 친구가 되어줄 수 있는 좋은 기회이다.

19. **책 읽는 것을 생활화시켜라.** 책을 좋아하는 아이 치고 둔한 아이는 없다.

20. **선물로 주로 책을 선택하라.** 자녀의 일생에 영향을 끼치는 양식과 교양이 될 수 있다.

21. **신문이나 정기 간행물 등 활자매체에 관심을 가지도록 유도하라.** 스마트폰 등 영상매체의 발달로 독해력과 사고력이 떨어지고 있는 추세이다.

22. 도서관을 이용하는 습관을 길러주라. 공부하는 습관뿐 아니라 사회생활에도 도움이 된다.

23. 다방면의 책을 읽도록 유도하라. 여러 분야의 책을 즐겨 읽으면 사고가 깊어진다.

24. 일기 쓰는 습관을 길러주라. 생각하는 습관과 아울러 작문 실력 향상에도 도움이 된다.

부드러운 훈육이 능사는 아니다

    최근 더서당인문학연구소에서 실시한 여론조사에 의하면 과거에는 부모가 권위주의적이었던 것에 반해 지금의 부모는 아이들을 이해하며 되도록 화해하는 방법을 쓰고 있는 것으로 나타났습니다.

    68%의 어머니가 이유를 설명해 주고 타임아웃하는 벌을 준다고 합니다. 타임아웃 방법을 열 명 중 아홉 명은 몇 개월에 한 번씩 사용하며, 3분의 2의 부모가 일주일에 적어도 한 번은 사용하는 것으로 나타났습니다. 타임아웃은 주로 3~6세 아이들에게 많이 사용했으며 시간은 1분에서 60분 정도로 연령에 따라서 차이가 나는 것으로 조사되었습니다.

타임아웃 방법은 여러 가지인데 침실에 가두거나, 말썽을 일으켰던 장소에 보내든가 벌을 주는 의자나 장소에 가게 한다고 합니다. 부모의 4분의 3이 부부 사이에 훈육 방법을 상의하여 아이들에게 벌을 준다고 응답했습니다. 벌을 주는 데 있어 부모 간의 일치성은 1에서 10까지의 기준을 물어봤을 때 평균 7.3이라고 답했습니다.

체벌

아이가 잘못을 저질렀을 때, 먼저 설명으로 이해를 시키려고 하나 아직도 많은 부모가 한계에 이르렀다고 생각되면 체벌을 하며, 열 명 중 여덟 명은 체벌이 타당하다고 생각했습니다. 또 열 명 중 여섯 명은 몇 개월에 한 번씩 체벌을 한다고 합니다. 어머니가 아버지보다 이런 체벌을 많이 하며, 이십 대 초 중반에 첫 아이를 가진 어머니가 나이 든 어머니보다 좀 더 많이 체벌을 한다고 했습니다. 하지만 가정에서의 체벌은 비교적 관대한 편인데, 유치원이나 학교에서의 체벌은 반대하는 입장이 더 많았습니다.

체벌은 누가 주로 하는지 조사에서는 어머니로 나타났습니다.

어머니 중 44%가 자신을 권위형이라고 생각하는 반면, 아버지는 50%가 자신을 권위형이라고 생각하고 있었습니다.

실제에 있어서는 어머니의 67%가 아이들에게 소리치며 야단을 치는데 비해, 아버지는 55%가 야단을 치며, 어머니의 42%가 매질을 하는 반면, 아버지는 37%가 매질하는 것으로 나타났습니다.

자녀의 사회화와 부모의 역할

사회화란 한 인간이 자신이 속해 있는 문화와 가정이 가치 있게 생각하는 행동, 믿음, 규범, 동기 등을 획득함으로써 그 사회에서 책임 있는 성인이 되는 데 필요한 자기 통제력, 사회적 판단력을 갖추어가는 과정입니다.

아이의 사회화 과정은 부모와의 관계 및 형제나 또래와의 관계, 학교와 그가 속한 지역사회 등으로부터 영향을 받습니다. 부모와의 인간관계 성립은 아이가 태어난 후, 한두 해 사이에 이미 형성되는 애착적인 관계로부터 비롯됩니다.

유아의 생존 문제와 함께 나타나는 애착 행동은 인간의 성격 및 사회성 발달에 근원이 되는 중요한 행동입니다. 애착 행동은 처음에 배고프고 불편함을 울음으로 표시하며, 엄마를 물끄러미 쳐다보며 얼굴을 익히고, 옹알이를 하고, 흉내를 내면서 발달합니다. 이는 자기에게 만족감을 주고 애정을 나타내는 특정한 몇몇 사람에게 분명히 구별되어 나타나는 행동 반응입니다. 즉, 부모와 자녀 사이에 남다른 관계가 형성되는 과정에서 보이는 행동입니다. 쉽게 말하면, 엄마 아빠에게 안기기를 좋아하고 엄마 아빠를 보고 더욱 반가와 하면서 기대고 따르며 공간적으로 가까이 하려는 행동입니다. 이러한 애착 행동이 잘 발달해야 독립적이고, 긍정적 자아를 가진 성취지향적인 아이로 발달합니다.

애착 행동은 혼돈하기 쉬운 의존성과는 구별되는 몇 가지 특징이 있습니다. 의존성은 무분별하며 자기의 요구 관철이나 도움의 요청을 위해 사태에 따라 바뀌곤 하는 사회적으로 학습된 행동임에 반해, 애착 행동은 부모와의 상호관계 속에서 특별한 대상에 대한 애정을 유지시키려는 목적으로 자리 잡혀서 지속적으로 나타나는 타고난 행동입니다.

자녀는 부모와의 애착 관계를 통해 분명한 인간관계에 관한 영속적인 개념을 갖게 됩니다. 영속적 개념이란 우리가 '사과' 하면 사과에 관련된 여러 개념 즉 종류, 모양, 특징, 이름 등이 종합되어 떠오르듯이 인간관계에 대해서도 나름대로 뚜렷한 개념을 갖게 되는 것입니다. 이처럼 대인관계에 대한 분명하고 영속적인 개념을 갖게 되면 접하는 대인관계나 사회가 복잡해지고 규모가 커져도 잘 적응할 수 있게 됩니다. 자녀는 부모와의 관계에서 배운 방식을 기초로 하여 형제, 친척, 친구 및 다른 사회 구성원들의 행동양식을 관찰하여 모방하고 동일시하게 됩니다. 가정에서 익힌 규범이나 양심, 도덕성을 바탕으로 학교, 지역사회 또는 직장에서 사회적 행동이 다르게 나타납니다.

그러므로 부모는 어릴 때 부모의 가치관이나 기준을 자녀의 마음 속 깊숙이 내재화시킴으로써 분명한 판단기준을 갖도록 도와주어야 합니다. 커가면서, 사회적으로 허용되는 바람직한 행동도 배우지만, 사회 속에서 금지되는 바람직하지 못한 행동도 배울 기회가 많기 때문입니다. 이러한 여러 새로운 사례를 접할 때마다 부모가 간섭하고 지도할 수는 없기 때문에, 초기 교육으로 분명히 자리 잡은 스스로의 판단력으로 옳고 그름을 판단할 수 있도록 도와주어야 합니다.

특히 외국이나 다문화가정에서 자라는 자녀의 사회화 과정은 자신이 속한 사회가 여러 면으로 안정되어 있지 않기 때문에 더욱 복잡한 과정을 거치게 됩니다. 이질민족으로서 보다 큰 사회화의 관계 속에서 유발되는 전형적인 문제들을 가지며 그 속에서 고유한 문화적 · 민족적 특성, 편견, 단점 등이 두드러져 보이기 때문입니다.

이런 문제는 비단 우리들만의 문제가 아닙니다. 이질민족이 보다 큰 사회에 적응하는 과정에서 언제나 있었고 문제시되었으며, 시간이 경과함에 따라 차츰 해소되어왔던 것들이죠. 이는 크게 다루기보다는 자신과 가장 가까운 인간관계를 맺고 있는 부모를 이해하기 위한 노력에서 시작해야 합니다. 다른 민족들 속에 섞여 장사를 하려면 그들의 특성을 연구해야 합니다. 하물며 성숙한 한 인간으로서 책임 있는 사회의 구성원이 될 자녀에게 부모를 이해하도록 하는 일은 꼭 필요합니다.

자주 시간을 내어 부모 자신이 사회화해 온 과정을 즐거운 경험으로 승화시켜 자녀에게 이야기해 주는 것도 한 방법입니다. 부모 자신의 생각을 심어주면서 자녀들과의 공감대를 형성하면 자녀들의 사회화 과정을 보다 바람직한 방향으로 이끌 수 있을 것입니다.

좋은 부모가 되기 위한 지혜

학교에 다니는 자녀를 둔 부모라면 누구나 '좋은 학부모가 되기란 참으로 어려운 일'이라고 이구동성으로 털어놓습니다. 특히 사춘기 자녀를 둔 부모라면 자녀교육에 심각한 곤혹감을 한두 번쯤은 경험하게 마련입니다. 좋은 부모가 되기 위한 부모의 역할에는 다음과 같은 것을 들 수 있습니다.

- 자녀를 거부하기보다 받아들인다.
- 자신감을 북돋운다.
- 자녀의 또래들과 친밀감을 갖는다.

- 자녀의 듣기와 말하기 능력을 향상시키도록 한다.
- 맡은 일은 완수해야 한다는 인식을 갖게 한다.
- 다른 아이와 비교하지 않도록 한다.
- 가정에서 훈육하는 규율을 세운다.
- 자녀가 잘하는 일에 자부심을 갖게 해준다.
- 박물관이나 도서관, 자녀가 관심 있어 하는 곳을 정기적으로 방문한다.
- 자녀가 하는 놀이나 게임에 어울린다.
- 지시는 간단하게 한다. 기억하기 쉽고 하기 쉽게 하기 위함이다.
- 자녀가 흥미나 취미를 개발하도록 간섭하지 않는다.
- 어머니가 억압하는 사람이 되어서는 안 된다.
- 자녀의 나쁜 행동이나 만족스럽지 않은 성과에 대해 절대로 낙담해서는 안 된다.
- 자녀를 도울 수 있는 일이라면 무엇이든 할 수 있다는 생각을 갖는다.
- 부모의 인내는 좋은 결과를 가져다줄 것이다.
- 얌전한 자녀는 침묵으로 도움을 청하는 것일 수도 있다.
- 자녀를 도울 수 있는 자료를 읽거나 요청한다.
- 집 밖에서는 자녀가 사회적으로 받아들여질 수 있는 행동을 하도록 지도한다.

Q **십 대의 딸과 친하게 지내고 싶어요.**

청소년 전문가들은 부모와 자녀와의 관계에 있어 가장 중요한 것은 서로 대화를 나누는 일이라고 해요. 그런데 어떻게 대화를 해야 할지를 잘 모르겠습니다. 요즘 십 대의 딸과 대화를 해보려고 여러 번 시도를 해보았어요. 그러나 10분도 못 돼서 우리는 그만 싸우곤 합니다. 그럴 때마다 딸과 대화를 시도한 것 자체가 무모한 것처럼 느껴집니다. 결과적으로 저는 몹시 언짢게 되고 딸과는 대화를 회피하게 돼요. 어떻게 하면 딸이 나에게 마음을 열게 할 수 있을까요?

A 자녀와의 대화가 어떤 부모에게는 무척 조심스럽고 어려운 일일 수도 있습니다. 그러면 왜 그렇게 자녀와 바람직한 대화를 한다는 것이 어려운 걸까요? 그것은 많은 부모가 부모와 자녀 간의 바람직한 대화가 어떤 것인지 진실하게 이해하고 있지 못해서일 수 있습니다.

대화란 그저 입으로 말하는 것만을 의미하는 것은 아니며, 상대방과 같이 생각이나 의견, 감정을 느끼고 나누며 이해하는 것입니다. 그저 말로만 할 것이 아니라 가슴과 가슴으로 통해야 합니다.

그러나 불행하게도 대부분의 부모와 자녀들이 자기의 감정 전달에 서투른 것 같습니다. 대부분의 부모들은 자녀와 대화를 할 때 일방적

106

으로 자기 말만 하는 경향이 있습니다. 많은 청소년이 "부모님은 저에게 일방적으로 듣기만 하고 무조건 따라야 한다고 말하세요."라며 많은 불평, 불만을 가지고 있습니다. 어떤 부모는 아예 자녀가 어떻게 생각하고 느끼는지 묻지도 않는다는 것입니다. 이런 것들이 부모와 자녀 간의 대화를 쉽게 단절시키는 이유가 되는 것 같습니다.

대화를 단절시키는 주요 요소

저도 이젠 어른입니다.

십 대 청소년들은 더 이상 어린아이가 아닙니다. 이 시기는 부모든 자녀든 감당하기가 어려운 시기가 아닌가 싶습니다. 이 시기가 되면 자녀들은 부모로부터 차츰 떨어져 나가며 "내가 누구인가?"라는 자아의식을 싹틔우게 됩니다.

얼마 전까지만 해도 부모 말이라면 순응하던 자녀가 자기의 생각과 의견을 가지고 부모의 의견에 동의하지 않는 경우가 생깁니다. 이것이 갈등의 시작이지요. 부모 생각에는 자기의 자녀가 아직 어린아이인 것 같은데, 자녀의 생각에는 자신이 거의 어른이나 다름없다고 생각하게 됩니다. 그래서 자녀들은 지금까지 부모로부터 어린아이 취급을 받아왔지만 좀 더 어른스럽게 대접받고 싶어 하기 때문에 대화가 쉽게 깨지는 것입니다.

집이 전쟁터 같아요.

집안에서 스트레스를 받는 것 또한 대화가 이루어지기 힘든 또 다른 이유가 됩니다. 그렇기 때문에 집안 분위기는 대단히 중요합니다. 만일 부부가 계속적으로 다투고 싸우는 집이라면 자녀들은 마음 편하게 부모와 대화를 하고 싶은 기분이 생기지 않을 겁니다.

한 십 대 소녀는 "우리 집은 꼭 전쟁터 같아요. 그래서 저는 매일 내 방에 틀어박혀 전쟁이 언제 끝나나 기다리며 힘들어 할 때가 많아요."라며 우울해했습니다.

부모님은 항상 트집만 잡아요.

어떤 부모들은 너무 비판적입니다. 자녀들은 항상 비판만 하려 드는 부모와는 대화를 할 수 없게 됩니다. 많은 부모가 자녀에 관한 잘못된 것만을 습관적으로 지적하려 듭니다.

어느 여학생은 "저는 정말 우리 부모님이 싫어요. 부모님은 한 번도 저에 관하여 좋게 말한 적이 없어요. 하는 일마다 트집을 잡아요. 그래서 저는 그런 부모님이 싫어할 일들을 일부러 해서 그들을 화나게 하고 싶은 마음밖에 없어요."라며 자신의 분노는 부모가 아무 생각 없이 던져 꼬집은 말에 의해서 빚어진 결과라고 말했습니다. 십 대 청소년들이 지나칠 정도로 부모를 싫어하게 되는 이유는 그들의 부모님으로부터 찬사나 칭찬을 받아 본 적이 없기 때문일 수도 있습니다.

우리는 남남입니다.

어느 남학생은 "마치 우리는 남남과 같아요. 부모님과 얘기하느니 차라리 친구와 얘기하는 편이 낫습니다."라고 말합니다. 완벽주의자인 부모와는 대화하기가 힘이 듭니다. 그런 부모일수록 자녀도 완벽하기를 바라기 때문에 계속적으로 몰아대거나 끊임없이 세상사에 관한 사소한 일까지 연설을 하고는 합니다.

한 십 대는 이렇게 말합니다. "제가 엄마에게 한 가지를 질문하면, 엄마는 한 시간을 강연해요. 그러니 아예 말을 꺼내지 않는 것이 상책입니다."

항상 부모님만 옳아요.

'나는 항상 옳다'고 생각하는 태도를 보이는 부모들이 있습니다. 그런 부모를 바라보는 십 대들은 아예 대화를 해보았자 소용이 없을 거라는 느낌을 받지요.

부모는 언제나 세월을 오래 산 경험이 많은 자신들의 의견이 올바르고 자녀는 아직 미성숙하다고 느끼며 자녀들의 의견을 무시할 때가 많습니다. 이런 태도는 대화의 문을 닫는 행위입니다.

위에 열거한 여러 타입의 부모들 중에서 자신은 어떤 유형에 속하는지, 이 중에서 스스로 좋은 답을 발견하여 보다 나은 대화를 여는 데 도움이 되었으면 합니다.

애지중지 키운 외아들, 걱정이 태산입니다.

저는 딸 셋과 아들 하나를 키우고 있어요. 막내가 아들인데 큰 골 칫덩어리입니다. 세 딸은 말도 잘 듣고 공부도 잘해서 비교적 쉽게 키웠어요. 그런데 아들은 어릴 때부터 말을 안 듣고 제멋대로만 하고 놀기만 했습니다. 그런 아들이 지금은 중학생인데 성적도 아주 나쁘고 공부에는 전혀 흥미가 없는데 자기는 앞으로 야구선수가 되어 돈을 많이 벌겠다고 큰소리만 치고 있어요. 문제는 남편과 시어머니가 그런 아들을 너무 애지중지해서 완전히 아이를 망쳐놓고 있다는 거예요. 제 혼자서는 아들을 제대로 다룰 수가 없어요. 어떻게 하면 좋을까요?

세 가지 타입의 부모가 있습니다.

첫째는 권위주의적인 부모로서 자식이니 내 마음대로 결정하고 명령하며, 자식의 무조건적인 복종을 원합니다. 대화는 쌍방이 해야 하는데 부모만이 하는 일방적인 대화를 합니다. 자식의 인격은 존중하지 않고 조금만 실수해도 용서 없이 처벌합니다.

둘째는 자유방임주의적인 부모입니다. 이런 부모는 무관심하여 아이들의 교육이나 행동에 신경을 쓰지도 않고 규율도 정하지 않습니다. 또 대화도 별로 없습니다.

셋째는 민주적인 부모로 공평하고 현실적인 규칙을 자녀와 같이 세우고 자녀로 하여금 꼭 이 규칙을 지키도록 만들며 만일 지키지 않을 경우에는 약속한 대로 처벌합니다. 처음부터 쌍방이 합의한 일이니 약속한 대로 따르게 하고 큰소리로 야단치거나 때리거나 설명할 필요가 없습니다.

아들이 앞으로 야구를 잘해 대학에 가고 프로야구 선수가 되는 것도 아주 훌륭한 일입니다. 소질이 있고 자신이 노력한다면 가능한 일입니다. 염두에 둘 것은 아들 앞에서 딸과 비교하거나, 야구하는 것을 대수롭지 않게 여기는 얘기는 하지 말아야 한다는 것입니다. 아들의 마음에 큰 상처를 남길 수 있기 때문입니다.

시어머니와 남편, 그리고 어머니가 함께 의논하여 앞으로 아들의 교육을 위해 어떻게 규율을 세우고, 그 규율을 약속대로 어떻게 지켜나갈 수 있는가 하는 것을 정하기 바랍니다. 협력하여 같은 목적을 가지고, 같은 방법으로 교육하는 것이 바람직합니다. 아울러 사춘기를 지나는 아들에 대한 깊은 이해가 있기 바랍니다. 그리고 많이 인내하고 충분한 사랑을 느낄 수 있도록 해주세요. 사랑과 인내심으로 지도하고 교육하고 자녀의 본이 되는 것 이외에 부모로서 무엇을 더 할 수 있겠습니까.

최선을 다하여 지혜롭게 아들의 사춘기 시절이 잘 지나기만 바랍니다. 무조건 복종만 잘하는 것이 참으로 부모가 바라는 자식의 행동은 아닐 겁니다. 서로 정직하게 마음을 털어놓고 서로의 존경을 잃지 않고 대화할 수 있는 관계가 더 건전하고 바람직한 관계가 아닐까요.

생각의 흐름을 터주는
'창의' 스토리텔링

1. 질문은 지적 호기심의 표현이다 · 2. 나는 생각한다. 고로 나는 존재한다 · 3. 지능형성의 흐름도를 이해하라 · 4. 창의력은 기본에서 나온다 · 5. 부모의 신뢰 속에서 자란 딸이 성공 확률이 높다 · 6. 문화적 차이에 관대하라 · 7. 독서 지도, 빠를수록 좋다 · 8. 조기교육은 칼의 양날이다 · 9. 연령별 아이의 특성과 부모의 할 일 · 10. 집중력이 실력이다

Q 성격이 너무도 다른 남매, 어떻게 키워야 할지 모르겠어요.

Q 아동 심리는 꼭 배워야 하나요?

질문은 지적 호기심의 표현이다

하루 종일 따라다니면서 질문하는 아이에게 답변해 준다는 것이 얼마나 힘든 일인가는 경험해 보지 않은 사람은 잘 모릅니다. 그러나 어머니의 고충과는 상관없이 아이들은 눈에 보이는 모든 사물에 대해 질문하고, 질문에 대한 어머니의 답변을 듣는 둥 마는 둥 하며 또 다시 다음 질문을 합니다.

질문은 지적 호기심의 표현입니다. 서너 살의 유아기 때는 지적 호기심이 왕성하고, 두뇌 발달이 급속하게 이루어지는 시기이기 때문에 질문이 많은 것이 특징입니다. 유아는 다양한 질문을 통하여 자신의 지적 호기심을 충족시키는 동시에 지적 세계를 확장시켜나가고 있는 셈입니다. 따라서 질문에 대한 부모의 반응은 유아의 두뇌 발달을 촉진시키는 중요한 요인이 될 수 있으므로 성실하고 진지한 답변이 요구됩니다.

　유아들은 성인들과는 다른 정신세계에서 생활하고 있습니다. 그들은 생물과 무생물을 구별하지 못하며 생명이 없는 대상에게 생명과 감정을 부여함으로써 대단히 물활론적 심성을 나타냅니다. 유아들은 이 세상에 존재하는 모든 사물은 자신과 같이 생명을 지니고 있다고 생각하기 때문에 느낄 수 있고 함께 대화를 나누는 것이 가능하다고 생각합니다. 이런 유아의 물활론적 심성은 일상생활에서 쉽게 발견될 수 있습니다. 혼자 중얼중얼 혼잣말을 하고 놀거나 장난감과 대화를 나누면서 놀고 있는 유아의 행동은 성인들의 눈에는 짐짓 과장된 행동으로 생각되기 쉬우나, 유아의 입장에서는 과장이 아니며 그들의 물활론적 심성을 바탕으로 사실 그대로를 표현하는 것입니다. 유치원의 벽에 걸린 그림들을 살펴보면 웃고 있는 태양이나 찡그린 비구름, 말하는 나무 등 다양한 형태들이 나타납니다. 유아의 정신세계는 성인들이 생각하는 동화의 세계 바로 그것일 것입니다.

　따라서 물활론적인 심성을 바탕으로 사고하는 유아들의 질문에 대한 답변도 물활론적이어야 할 것입니다. 비가 오는 차창 밖을 바라보고 있는 세 살짜리 아이가 "비는 왜 오죠?"라고 묻는다면, 그 대답은 물론 동화적이고 물활론적이어야 합니다. 그러나 만약 중고등학생이 동일한 질문을 하였다면, 그 대답은 보다 더 과학적으로 설명되는 것이 바람직합니다. 서너 살의 유아에게 아무리 과학적으로 설명한다 하더라도 유아들은 재미없어 하고 이해하지 못합니다. 오히려 "하느님이 대 청소하시나 봐." 정도가 더 적절한 대답일 것입니다.

대부분의 우리 부모들은 아이의 끊임없는 질문을 귀찮아하고 무시하며 어쩔 수 없어서 건성으로 대답하기도 합니다. 살아가는 일은 누구에게나 어렵고 고달픈 일이지만 성장기의 자녀를 위해 우리 부모들은 인내하고 최대한의 시간을 할애하며 올바르게 성장할 수 있도록 노력하여야 할 것입니다.

간혹, 아이의 질문을 귀찮아함으로써 지적 호기심의 싹을 잘라버리는 어머니를 대할 때면, 안타까움을 금하지 못합니다. 엄마가 아이의 질문을 제한하면 할수록 질문의 양은 점차적으로 감소됩니다. 질문의 감소는 곧 지적 호기심의 약화와 두뇌 발달의 감소를 의미하기 때문에 유아의 지적발달에 영향을 초래할 수 있습니다.

그러나 아무리 성실한 답변이 요구된다고 할지라도 엄마의 능력에는 한계가 있는 것이 사실입니다. 세 살 정도의 유아들은 또래들과의 접촉을 늘리도록 합니다. 하루 종일 엄마만 따라다니면 지치게 되므로 같은 연령의 또래들과 어울리게 함으로써 엄마의 괴로움도 덜고 아이의 사회성도 발달시킬 수 있습니다. 물론 아이가 질문을 해오면 가능한 성실하게 열심히 답변을 해주고 한가한 시간에는 동화책을 읽어주도록 합니다. 동화 속에는 아이의 물활론적 심성을 만족시켜 줄 수 있는 내용이 많이 담겨 있습니다. 피곤하고 힘들어도 아이들의 질문을 막는 행위는 삼가야 할 것입니다.

자녀의 질문

자녀는 질문을 많이 합니다. 나이에 따라 질문의 내용이나 깊이도 다릅니다. 초등학생이 되면 질문의 내용이 엉뚱하기는 하지만 제법 논리적으로 사물을 보고 "무엇이냐?"라든가 또 어떤 현상을 보고 "왜 그러느냐?"라는 수준을 넘어서, 인간관계를 따지거나 여러 가지 현상의 상호 관련성에 대한 질문을 하게 됩니다. 또 천체와 기후, 과학 현상, 동식물 등 자연 현상에 관한 질문이 많고 인간의 신체 부위, 죽음에 관한 질문도 상당수를 차지합니다. 그리고 문화 현상에 관한 질문의 대부분은 언어와 생활양식에 관한 것들입니다. 이런 질문에 답변해야 하는 부모는 난처할 수도 있지만 질문 공세에 슬기롭게 대처하는 일은 대단히 중요한 일입니다.

질문이란 미지의 세계를 탐구하려는 의욕의 표현이기에 그러한 의지의 표현을 꺾지 말아야 합니다. 자녀가 어떤 질문을 해올 때 무시하거나 회피하면 새로운 것을 알고 배우고자 하는 의욕은 좌절되게 마련입니다. 그렇다고 하나에서 열까지 모두 친절하게 대답해 주는 것도 바람직한 것은 아닙니다. 그렇게 되면 스스로 생각해서 실마리를 찾을 수 있는 기회를 박탈하는 결과를 낳을 수도 있기 때문입니다. 그러므로 자녀의 질문에 대하여 적절히 대처하는 지혜가 필요합니다.

감리교의 창시자 웨슬리의 어머니 수잔나는 슬하의 자녀를 훌륭하게 양육하였기에 18세기 영국에서 가장 훌륭한 어머니라고 칭송을 받았습니다.

"자녀를 훌륭하게 키운 비결이 무엇이냐?"는 주위의 질문에 수잔나는 "아이가 어떤 질문을 하든, 또 질문을 무수히 반복하더라도 성의 있게 답변해 주었습니다."라고 말했습니다.

자녀의 질문에는 간결하고 솔직하게 답변해 주는 것이 좋습니다. 때로는 대답을 하기 어려울 때도 있으나 그럴 때 얼버무리거나 엉뚱하게 답변하지 말고 솔직하게 "모른다."고 하는 것이 오히려 도움이 됩니다. 그리고 함께 책이나 인터넷을 찾아보면서 궁금증에 대한 해결방법을 직접 알려주는 것도 필요합니다. 자녀 스스로 좀 더 생각함으로써 답을 얻을 수 있는 질문이라면, 그 질문을 자녀에게 되돌려주고 생각해 보도록 하는 지혜도 필요합니다.

나는 생각한다, 고로 나는 존재한다

한 어머니가 아이를 데리고 마을의 현자를 찾아갔습니다. 그러고는 아이에 관한 자랑을 늘어놓았습니다.

"우리 아이는 공부밖에 모르며, 하루에도 몇 시간씩이나 책과 씨름을 합니다. 그래서 이제는 모르는 것이 없을 정도로 많은 지식을 가지고 있지요."

그러나 한참 만에 입을 연 현자는 이렇게 말하는 것이 아닌가.

"아깝게도 바보가 다 되었겠군."

잘 이해가 되지 않는 표정으로 쳐다만 보고 있는 어머니에게 현자는 이런 말을 이었습니다.

"그렇게 지식을 얻는 일에만 골몰하고 있으니 무엇을 생각할 수 있는 여유가 없을 게 아니오? 그러니 바보가 될 수밖에."

　오래 전 유태계 사회에서 전해 오는 이 이야기는 오늘날 우리의 교육이 크게 잘못되고 있다는 점을 분명하게 지적해 줍니다. 그것은 인간의 성장과정에서 지식이 필요 없다는 것을 말하는 것이 아닙니다. 지식보다 어떤 기술을 가르쳐야 한다는 뜻은 더더욱 아닙니다. 어린 시절에 '사고력'을 키워주는 일이야말로 가장 중요하다는 뜻입니다. 사고력은 인간만이 지니는 특유의 자산입니다. 인간은 사고하는 능력을 지니고 있어서 사고력을 키우는 일은 가장 중요한 지표가 됩니다.
　그렇다면 사고력은 어떻게 길러질까요? 사고력을 키우기 위해서 필요한 조건은 여러 가지가 있습니다. 그 중에서 지식이 차지하는 비중이 상당하다는 것을 부인할 수는 없습니다. 그러나 무엇보다도 가장 중요한 조건은 어린 시절에 '생각하는 경험'을 쌓는 일입니다. 사고력은 한마디로 말해서 생각하는 능력이며, 그것은 오직 생각하는 경험에 의해서만 성숙해진다는 평범한 원리를 확인시킵니다.
　금세기의 위대한 과학자 아인슈타인이 초등학교에 다닐 때 공부를 못했다는 것은 널리 알려진 일입니다. 더구나 그는 성격이 비사교적이었기 때문에 학급에서 거의 인식되지 않는(눈에 띄지 않는)학생이었습니다. 그러한 아인슈타인이 그토록 훌륭한 과학자가 될 수 있었던 것은, 부모가 그로 하여금 많은 생각을 할 수 있게끔 자극을 주었고 생각하는 경험을 준 데에 힘입은 것이라 할 수 있습니다.

여기에서 가정이 해야 할 중요한 교육의 한 과업을 찾을 수 있습니다. 그것은 자녀로 하여금 '무엇이든 생각하게 하는 것'입니다. 그들은 생각하는 경험에 의해서 지적으로 성숙할 것입니다.

지능형성의 흐름도를 이해하라

지능은 우열이 선천적으로 정해지는 것이 아닙니다. 지능은 환경에 따라 향상하므로 알맞은 환경을 주는 일은 무척 중요한 일입니다.

머리가 좋은 자녀를 갖고 싶은 것은 모든 부모의 공통적인 소망일 것입니다. 그렇기 때문에 자녀가 학교에 입학하면 학교 성적에 부모들은 민감합니다.

지능이란, 지적 능력의 준말이고 지력(知力)이라고도 합니다. 여러 학자들은 지능을 여러 가지로 정의하고 있는데 '가지고 있는 지식과, 지식을 습득하는 능력'이라고도 합니다. 지능을 좀 더 쉽게 말하면 '의욕이나 감정을 제외한 학습능력'이라고 할 수 있습니다. 학습능력이란, 여러 능력이 복합적으로 이루어진 종합능력인데 이를 크게 나누면 이해력·기억력·문제해결력이라고 할 수 있습니다.

지능은 향상되는가?

지능은 유전적인 것인가, 환경적인 것인가? 이 문제로 많은 학자는 논쟁을 거듭하였고, 이것을 실증하기 위한 여러 연구를 거듭해 왔습니다. 그러나 어느 학자도 자신 있게 결론을 내린 사람은 없습니다. 이것은 유전적 요인과 환경적 요인이 모두 중요하기 때문이지요.

지능은 유전적으로 약간의 개인차를 지니고 태어나지만 후천적으로 지능이 우수한지 보통인지가 문제되는 게 아니라, 그 지능을 계발, 향상시키는 것이 중요한 것입니다. 유전적으로 보통 수준의 지능을 가진 사람이, 유전적으로 우수한 지능을 가진 사람보다 학교성적이나 사회활동에서 우수한 예는 매우 흔한 일입니다.

부모의 성격적 요인

부모는 아이에게 가장 큰 영향을 주는 환경이라 할 수 있습니다. 지능이 가장 현저하게 발달하는 시기는 유아기와 초등학교 시절로 이 기간은 부모의 영향을 가장 많이 받으므로 부모의 성격적 특성은 지능발달에 크게 작용합니다.

부모는 성격에 따라 교육관이 다르고 교육방법이 다릅니다. 어릴 때부터 알맞은 지적 경험을 주는 것과 완전히 통제하거나 방임하는

것은 엄청난 차이를 가져옵니다.

또 성격적으로 조급해 지나치게 간섭하거나 지나치게 보호하여 아이를 부모의 울타리 안에 가두어 두는 것과 알맞은 자주적 사고의 경험을 부여하는 것 사이에도 지능발달에 아주 많은 차이를 줍니다. 그것은 곧 지적 수준과 어휘력 구사에도 나타납니다.

아이의 성격적 요인

학습활동은 성격적 특성에 따라 다릅니다. 그러므로 같은 수준의 지능을 가지고 있어도 학습 여하에 따라 지능발달은 차이가 나타나게 마련입니다. 일정한 학습량을 가지고 공부할 때, 대범한 사람과 섬세한 사람의 성적은 달리 나타납니다. 또 경쟁심이 강한 사람과 그렇지 않은 사람의 성적도 다릅니다.

같은 지능을 가진 아이라도 성격적 특성이 의욕적이고, 경쟁적이고, 섬세하고, 침착하며 끈기가 있는 아이가 그렇지 않은 아이보다 지능이 매우 향상된다는 예가 많습니다.

문화적 요인

지능은 문화적 요인에 따라 매우 향상합니다. 한가하고 자유로운 시골의 아름다움 속에서 자라는 아이와 바쁘고 혼잡하고 부자유스럽고 거친 대도시에 자라는 아이는 같은 지능이라도 지능발달에 차이가 있습니다.

시골 아이는 시골길을 걸을 때 신경을 많이 쓰지 않아도 되지만 대도시 아이는 사람들을 누비고 복잡한 거리를 걸어야 합니다. 수많은 간판들의 자극, 자동차들의 자극, 여러 가지 소리에 대한 자극 속에서 꾸준히 두뇌활동을 해야 하므로 시골 아이들보다 대도시 아이들의 지능발달이 앞섭니다. 이것은 도시 아이들이 지각적 경험을 많이 하고 자랐기 때문입니다.

또 TV·컴퓨터·라디오·책·신문·영화관·도서관·박물관 등 문화적 환경이 좋은 곳에서 자라는 아이들이 문화적 환경이 저조한 곳에서 자라는 아이들보다 지능발달이 앞섭니다.

영양적 요인

학자들이 발표한 많은 연구를 정리해 보면 좋은 영양은 지능발달에 매우 중요하다고 합니다. 성장기에 좋은 영양을 공급받은 아이는 좋은 영양을 제대로 받지 못한 아이보다 지능발달이 앞섭니다. 특히 이 요인은 유아기 때가 더욱 중요합니다.

교육적 요인

지능은 좋은 교육에 따라 매우 향상합니다. 교육이란 단순히 지식을 이해시키는 데 그치는 것이 아니라, 사고력을 길러 평생 동안 지니는 학습력을 기르는 것입니다. 교육은 바로 지능 계발이라고 할 수 있습니다.

그러므로 좋은 교육 내용을 좋은 방법으로 교육할 때 아이의 지능 발달은 매우 향상됩니다. 교육을 받은 사람이 교육을 받지 않은 사람보다 지능이 앞서는 것은 바로 이 때문입니다.

지능이 환경에 따라 향상한다는 것은 교육을 담당한 부모나 교사에게 큰 과제를 던져주고 있습니다. 어떤 환경을 주느냐에 따라 무한한 지능발달의 가능성을 지니고 있습니다.

지적능력이란?

인간의 지적능력이란 무엇인가? 이 주제는 교육학·심리학에서 가장 큰 비중을 가지고 지속적으로 다루어 왔으나 아직 누구도 '이런 능력이다'라고 정의하지는 못하고 있습니다.

길포드와 같은 교육학자는 지능을 120개의 단위 능력이 조합된 것으로 봅니다. 또 어떤 학자는 지능을 여러 세분화된 하위능력들이 피라미드식으로 모인 일반적이고 단순화된 몇 가지 능력으로 봅니다. 또는 본래 타고난 인지능력으로 보기도 하고, 효율적인 사고능력으로 보기도 합니다. 또한 이런 입장과는 대조적으로, 물리적·사회적 환경에 대처하는 적응능력으로 보는 견해도 있습니다. 또는 지능검사에 기초한 검사 결과를 지능으로 보기도 합니다.

상식적인 수준에서는 어떤 일을 쉽게 잘 이해하고 학습하는 사람들을 일러, 즉 일정한 학습 과제에 대한 학습 속도에 따라 머리가 좋다거나 나쁘다고 말을 하곤 합니다. 이러한 지적능력은 흔히 학습력·

사고력·문제해결력·판단력·어휘력·언어이해력·수리력·추리력·공간지각력·기억력 등 수많은 세분된 능력들 중의 하나와 쉽게 혼용되기도 합니다.

지능을 한마디로 정의할 수는 없지만 지적능력에 대해서 생각할 때 반드시 전제되어야 할 몇 가지 사항이 있습니다.

첫째, 지능은 어떤 하나의 세분된 고유 능력을 칭하는 개념으로는 사용될 수 없다는 점입니다. 종합적인 개념이지 어떤 고유한 것을 지칭하는 개념이 아닙니다.

둘째, 지능은 단면적인 것이 아닌 복합적인 개념입니다. 즉, 옷감이 짜이듯이 여러 능력이 융합된 복합적인 능력입니다.

셋째, 지능은 고정적인 것이 아니라 변화 가능하며 발달하는 것으로 보아야 합니다. 이 점은 특히 지능에 대한 교육의 영향을 높게 보도록 합니다.

넷째, 지능은 어떤 한 가지 방법으로 직접 측정할 수 없으며, 특히 타고난 잠재능력을 측정하기는 어렵습니다. 단지, 관찰이나 검사를 통해서 추정할 뿐입니다.

다섯째, 지능은 순서적인 개념이 아닙니다. 즉, 어떤 점수가 높고 낮은 것이 문제되기보다는 그러한 점수를 통한 교육적인 고려나 전체 속에서 한 개인이 차지하는 위치를 찾아내야 합니다.

그러면 이러한 지적능력이 발달하는 데 영향을 주는 주요 요인들에는 어떤 것들이 있을까?

지능은 유전적인 요인의 영향을 받습니다. 그러나 이는 지능발달의 영향이나 또는 최저의 수준을 한계 지을 뿐 미리 정해진 영향이거나 변경 불가능한 것은 아닙니다. 또 지능은 생활환경의 영향을 받습니다. 이는 부모 자녀 사이에, 형제 사이에, 지능지수의 상관관계가 높음을 통해 알 수 있습니다. 무엇보다도 중요한 것은 서로에 대한 관심과 격려가 지속되는 환경입니다. 왜냐하면 그러한 환경은 자신의 능력에 대한 믿음을 심어주며, 이러한 자신에 대한 신뢰감은 물리적·사회적 환경에 대한 적응능력을 강하게 해주기 때문입니다. 또한 지능은 학교와 같은 형식적인 교육을 제공하는 기관에 있는 시간의 영향을 받습니다. 다시 설명하면 학습을 위한 자극을 주는 시간이 길수록 지적능력이 커질 가능성이 높아진다는 말입니다.

그리고 지능은 자발적인 학습능력의 영향을 받으며 이에 따라 발달에 차이가 나타납니다. 보통 다섯 살을 전후해서 자발적인 학습능력, 즉 어떤 일을 학습할 때 스스로에게 가장 적절한 방법을 택하여 이루어내는 능력이 발달합니다. 이러한 자발적인 학습능력을 터득했는지 여부에 따라서 개인이 가지고 있는 잠재능력과 실제 성취 능력 사이에 차이가 생기게 됩니다. 즉, 머리는 좋은데 성적이 나쁘다든가 하는 문제는 이 자발적인 학습능력을 발달시킴으로써 해결할 수 있습니다.

지능은 경험의 양보다 질적인 면에 영향을 받기 때문에 많은 양의 책보다는 한 권의 책이라도 정확하게 이해하는 것이 중요합니다. 그리고 같은 일이나 장면에 대해서 항상 다른 방식으로 생각해 보도록 하는 경험, 창의적으로 생각해 보는 기회를 많이 주는 일이 중요합니다.

지능은 사회 정서적으로 안정된 상태에서 잘 발달될 수 있습니다. 우수한 지적능력을 지니고 있는 사람들이 원만한 사회생활을 영위하고, 지도력이 있으며, 자신의 긍정적·부정적 정서를 잘 통제한다는 사실이 많은 연구를 통해 밝혀지고 있음을 볼 때, 우리가 상식적으로 알고 있는 머리가 좋은 사람은 사회성이 약하다는 것은 잘못된 선입견입니다.

지능검사와 IQ의 신뢰성

"우리 아이는 지능이 낮아서 가망이 없나 봐."

"우리 아이는 지능이 매우 높다고 학교 선생님이 그러더군."

지능검사 결과를 알고 인간의 지적 능력을 말하는 것이 아니라 지능검사의 지능지수입니다.

지능검사란, 심리학에서 인간의 지적 능력을 평가하기 위해 만든 도구입니다. 인간의 지능을 측정하는 도구가 별로 없었기 때문에 지능검사는 오랫동안 권위 있게 받아들여졌습니다. IQ 100을 보통 수준을 하여 100 이상을 높게, 100 이하를 낮게 평가하는데, 140 이상을 천재, 120 이상을 최우수 지능, 110 이상을 우수 지능이라고 합니다.

IQ란 한마디로 말해서 생활 연령에 대한 정신 연령의 비율입니다. 도형이나 문장을 이용하여 실시되는 지능검사의 결과를 위의 비율이

나오도록 공식에 집어넣은 숫자에 지나지 않습니다.

"내 아이는 나이에 비하여 지능이 어느 정도 발달하고 있습니까?"

이 질문에 대답하는 숫자라고 할 수 있습니다. 이 역시 완전한 숫자라고 판단하는 일은 금물입니다. 어디까지나 지능검사가 설정한 문제 상황에 대한 부분적 지능 경향이라고 보는 것이 옳을 것입니다.

지능검사로 학교 성적을 50% 정도 추측할 수 있다는 것은 지능검사 자체가 학교 학습 유형의 테스트에 의해서 이루어지기 때문입니다.

지능검사는 이해력, 기억력 측정은 되나 문제해결력 측정에는 한계가 있습니다. 물론 문제해결력도 측정되긴 하나 어디까지나 지필평가(紙筆評價)의 한계 안에서 이루어집니다. 고도의 사고력이나 창의력은 도형이나 문장을 이용해서는 측정하기 어렵습니다. 더구나 그 상황이 정적 상황보다는 동적 상황에서 가능하므로 측정은 더욱 곤란합니다. 이것은 학교 학습이 동적 상황을 주기 어렵기 때문입니다. 그러므로 지능검사는 제한점을 안고 있습니다. 여기서 중요한 것은 부모의 올바른 지능관입니다.

IQ로 자녀의 두뇌를 속단하는 일이 있어서는 안 됩니다. 학교성적이나 지능검사는 이해력·기억력이 주로 평가된다는 것을 바로 알면 학교 성적에 자녀의 IQ가 높거나 낮다고 자만하거나 실망하는 일은 생기지 않을 것입니다.

창의력은 기본에서 나온다

초등학교 6학년 수학시간, 교사가 수학문제를 풀어 보이며 열심히 설명하는 동안 민수는 교사의 눈을 피해 하품을 합니다.

'저 백분율 문제는 벌써 열 번도 더 풀어봤을 거야.'

어떤 학생의 질문에 교사가 대답하는 동안 교실 문 앞에 앉은 승희는 시선은 흑판에 두고 있지만 머릿속으로는 딴 생각을 하고 있습니다.

'이번 학기 들어 저 백분율 문제로 몇 시간을 보냈지?'

수학은 승희가 좋아하는 과목이지만 지금 승희는 수업이 빨리 끝나기를 기다리며 시계만 쳐다보고 있습니다.

민수와 승희는 학교에서 흔히 볼 수 있는 '어중간한 상태에 발목 잡힌 아이들'입니다. 공부를 뛰어나게 잘하거나 반대로 아주 못하지도 않아 교사의 관심을 전혀 끌지 못한 채 수업에 깊이 참여하지도 못합니다. 쉽게 말해, '보통아이들'로 표현할 수 있는 이들은 자신의 잠재된 능력을 파묻고 '중간'에 안주하고 있습니다.

수적으로 절대 다수를 차지하는 이들 '보통 아이들'이 잠재력을 발휘, 학업 성과를 최대로 향상시키는 방법을, 미국 교육행정가협회(AASA)가 펴낸 『어중간한 곳에 머물고 있는 보통 아이들의 잠재된 능력을 최대한 발휘하게 하는 방법』이란 소책자에 이렇게 소개하고 있습니다.

"잠재능력을 최대한 발휘하도록 하기 위해서는 공부를 어중간한 상태에서 향상되지 못하도록 가로막고 있는 원인을 찾아내어 이를 제거하는 작업이 이루어져야 한다."

잠재능력을 '잠재된' 능력으로만 머물게 하는 원인은 낮은 기대, 수동적인 학습, 동기 결여, 능력별 그룹수업, 적절치 못한 시험, 친구들 사이의 압박감, 교사 부족 또는 부적절한 교육 등 여러 가지가 있습니다.

수업시간이나 시험에서 좋은 성적을 올리지 못하는 학생에 대해서는 교사나 학생 자신의 기대가 낮고, 때문에 성적을 올리게 하는 동기도 낮게 마련입니다. 주입식 내지 암기식의 수동적 학습은 적극적이고 능동적 학습에 비해 학습 효과가 크게 떨어지고 학습 동기가 약하면 학습 성과도 적기 마련입니다.

효율이란 미명하에 시행되는 능력별 그룹수업은 성적이 나쁜 그룹의 학생이 가지고 있는 잠재력의 발휘를 막습니다. 잠재능력을 최대한 끌어낼 수 있는 성공적인 학습전략은 능동적 학습과 동기부여 및 기대 제고 등 세 가지로 요약됩니다.

모든 진실한 배움은 능동적인 학습일 때 가능합니다. 능동적인 학습은 교사는 말하고 학생은 듣는 주입식이 아니라, 수업 시간의 대부분이 교사가 가르친 지식을 새로운 상황에 적용시키고 배운 기술을 실제로 연습하는 데 쓰여야 가능합니다.

학생을 소그룹화하며 그룹 내 학생들끼리 머리를 짜내 문제의 해답에 접근해 가는 협동학습이나 '소크라테스의 문답'식 학습, 컴퓨터를 이용한 학습이 능동적 학습을 가능하게 합니다.

시범을 보이는 방식도 기술이나 운동을 배울 때는 좋은 능동적 학습 방법이며, 특히 컴퓨터를 이용한 학습은 교사나 교재의 제한 없이 잠재능력을 한껏 개발할 수 있는 방법입니다. 컴퓨터를 이용하여 친구와 문제를 같이 풀 수도 있고, 교사나 다른 학자의 연구에 직접 접근할 수도 있으며, 도서관을 통해 막대한 정보에도 접근할 수 있습니다.

학생이 '공부를 잘하느냐, 어중간한 수준에 머물고 마느냐'는 다른 사람, 특히 부모나 교사의 기대에 따라 능력 발휘는 크게 달라집니다. 위압적인 목소리로 공부하라고 소리치기보다는 "나는 네가 잘하리라고 기대한다."는 식의 여유 있고 관대한 자세가 학생을 부모나 교사의 기대에 부응하도록 분발시킵니다.

학생 서너 명을 그룹지우고 이들의 상담역으로 교사 한 명이 결연을 맺도록 해 교사와 학생 간의 개인적 유대감을 높이고, 학생 개개인이 교사의 관심을 받고 있다고 느끼게 하는 방법도 학교에서 기대감을 향상시키는 가능한 방법 중 하나입니다.

"학교의 우등생이 사회의 낙오자."

이 말은 근대 학교가 발달하면서 하나의 격언이나 되듯이 자주 사용되는 말입니다. 어찌 보면 학교교육의 비실용성을 비판하는 말이기도 하고, 학교의 우등생이 되려고 파고드는 학생을 비웃는 말이기도 하고, 학교의 우등생이 사회에 나가 실패한 것을 비웃는 말이기도 합니다.

수많은 기업체들이 엘리트 사원을 모집하기 위하여 입사시험을 봅니다. 각 대학을 졸업한 수재들은 이 등용문을 통과하려고 대단한 열기를 뿜어냅니다. 그러나 이 시험에서 수석 합격자가 우수사원으로 성공하는 일은 극히 드물다고 합니다. 비록 성적은 뒤지지만 창의력이 뛰어난 합격자들이 오히려 우수사원으로 성장하고 있는 사례를 볼 수 있습니다. 그러므로 학교의 우등생이 사회의 낙오자란 당연한 결과이기도 합니다. 이해력이나 기억력만을 기르고 '창의력'을 기르지 않았을 때 사회의 낙오자는 필연적이기 때문입니다.

오늘날 학교교육이 아이들의 학습에서 '생각하는 과정'을 중시하는 것은 바로 이 창의력을 보다 중시하게 되었기 때문입니다. 암기·이해력 중심의 교육이 창의력 개발에 중점을 두는 교육으로 개혁되고 있습니다.

"우리 아이는 전 학년에서 수석이야."

자녀의 좋은 성적을 보고 단순히 기뻐할 것이 아니라, 지능이 올바로 성장해 가는가에 관심을 가져야 합니다. 『창의력 개발을 위한 교육』의 저자 오스본(Osborn)은 창의력에 대하여 다음과 같이 말하고 있습니다.

"인간의 정신 능력은 기능적 면에서 관찰하고 주의를 집중하는 흡수력, 기억하고 이를 다시 재생하는 파악력, 분석하고 판단하는 추리력, 구현하고 예견하고 아이디어를 산출하는 창의력으로 나눌 수 있다. 이 네 능력 중에서 흡수력·파악력·추리력은 컴퓨터가 해결해 주지만 인간의 창의력을 대신해 줄 기계는 없다."

말하자면 기억하고 이해하는 흡수력·파악력·추리력은 기초 지능이라 하고, 문제를 해결하고 아이디어를 산출해 내는 창의력은 고등 지능이라고 할 수 있습니다. 두 능력은 별개의 것은 아니지만, 고등 지능은 어느 수준의 기초 지능의 바탕 위에서 더욱 발달합니다.

학교 학습에는 기초 지능이 주로 작용하지만 사회에서는 특별히 암기해서 처리하는 것보다는 여러 복합 자료에 의하여 문제를 해결하는 고등 지능이 주로 작용합니다. 말하자면 우수한 이해력·기억력은 학교에서 학습하는 데는 많이 동원되지만 사회에서 평생 동안 활동하는 데는 우수한 창의력이 필요하다는 것입니다.

창의력이란 누구에게나 있는 능력이며 기회를 주고 칭찬하고 훈련하면 신장시킬 수 있으나, 교육방법에 따라서는 창의력을 잃어버리게 될 수도 있습니다. 그러므로 창의력을 개발하려면 아이의 창의력을 먼저 발견해야 합니다.

『창의력을 기르는 지적 육아법』을 쓴 조앤 백(Joan Beck)은 창의력이 있는 아이의 특징을 다음과 같이 들고 있습니다.

- 간단한 답으로 만족하지 않고 납득할 때까지 답을 구한다.
- 보고 듣고 만지고 겪은 일에 대하여 민감하다.
- 새로운 것을 계속 생각해 낸다.
- 상상력이 풍부하여 명랑하고, 유머가 넘친다.
- 나이에 비하여 어려운 일을 해낸다.
- 유연성이 있다.
- 창의력이란 속박되지 않고 자유로이 생각해 내는 것이기 때문에 부모나 교사가 충돌할 때가 있다.

창의력을 개발하는 요령으로 조앤 백은 다음과 같은 방법을 들고 있습니다.

- 창조의 기쁨을 알도록 해야 한다.
- 가정의 모든 일에 참여시키고 결정한 것은 실천하도록 해야 한다.
- 신변의 모든 것에 관심을 갖고, 질문이나 실험해 보도록 한다.
- 창의력을 기르는 두뇌 체조를 하게 한다.
- '필요는 발명의 어머니'란 것을 깊이 명심하고, 아이에게 문제를

준 다음에는 스스로 생각하도록 해야 한다.
- 첫 경험을 즐겁게 받아들여 이해하도록 한다.
- 혼자 있는 시간과 장소를 준다.
- 무엇인가 새로운 생각을 시작하면 그 생각을 계속해 가도록 지도한다.
- 완전히 가르치지 말고, 아이 스스로의 머리로 생각할 여지를 남겨야 한다.
- 창의적인 일을 하면 칭찬해 주고 관심을 가져준다.
- 음악을 가까이 하도록 한다.

이에 따라 오스본 교수는 창의력 개발의 방법을 다음과 같이 들고 있습니다.

- 여러 가지 경험은 아이디어 산출의 원료가 된다.
- 게임과 퀴즈풀이도 좋은 원료가 된다.
- 알맞은 취미와 예능 공부는 상상력을 자극한다.
- 독서는 창의력을 길러준다.
- 글짓기는 창의력을 길러준다.

5

부모의 신뢰 속에서 자란 딸이
성공확률이 높다

    아내와 어머니라는 막중한 임무를 탈 없이 수행하면서도 스스로 선택한 분야에서 사회적으로 능력의 우수성을 인정받는 성공한 여성을 만들어낸 요인은 과연 무엇일까?

    미국 하버드 대학의 사회학 교수 루스 쿤드신 박사는 『여성과 성공(Woman and Success)』이라는 책에서 이런 의문에 대한 해답을 제시합니다. 쿤드신 박사는 화학·물리학·교육학·정치학·보건학 등 남성들이 주도권을 잡고 있다고 생각되는 분야에서 인정을 받고 일하면서도 부모와 아내의 역할도 성공적으로 수행하고 있는 여성 열두 명을 초청해 세미나를 열어 결론을 이끌어 냈습니다.

첫째, 성공한 여성들은 한결같이 그들이 어렸을 때부터 부모의 진실한 지지를 받았습니다. 그들의 부모는 "여자가~ 또는 딸이~" 하는 식으로 말하지 않고 "네가 하는 이 일은 훌륭하다.", "너는 이 일을 충분히 해낼 수 있다."라고 말했다는 것입니다. 즉, 그들을 하나의 인간으로 지지해준 부모의 태도가 그들로 하여금 자기 확신감과 자기존중감을 키워갈 수 있게 해주었습니다.

둘째, 이들이 성인이 된 후에는 남편의 이해와 격려가 지대한 힘이 되었습니다.

셋째, 스승과 동료의 지지와 격려는 부모로부터 얻은 지지나 격려만큼 절대적인 것은 아니었습니다.

넷째, 슬픈 결론이기는 하나 여성 동료들로부터는 거의 아무런 지지와 격려를 받지 못했습니다.

다섯째, 이 세미나에 초청된 열두 명의 여성 중 다섯 명이 우수한 여자대학 출신이었습니다. 이들은 자신들이 여자대학 출신이었기 때문에 오히려 강력한 지도력을 키울 수 있었다고 말했습니다. 남녀공학에 다니는 여학생들이 좀처럼 배당받기 힘든 지도력이 여자들만의 학교에서는 의당 여자들의 차지가 되기 때문입니다.

여섯째, 전문직에 종사하는 여성들에게도 가정생활(결혼생활)은 가능할 뿐만 아니라 오히려 이롭기까지 했습니다. 이들은 한결같이 결혼생활이 주는 기쁨과 흥분이 그들의 전문직 생활을 안정되고 활기있게 해주는 근원이 되었으며 자녀들에게도 좋은 모델이 되어왔다고 주장했습니다.

그들은 자녀들이 초등학교에 다닐 때는 상당히 어려웠으나 사춘기에 접어들면서 특히 딸들은 전문직에 종사하는 어머니를 존경하고 자기 삶에 있어 미래의 모델로 삼았으며, 아들은 여성에 대한 긍정적인 생각을 가지게 되었다고 보고했습니다.

쿤드신 박사는 이상의 결론을 통해, 성공한 여성들은 사회의 이탈자가 아니라 오히려 사회에 여성의 역할에 대한 방향을 제시해 주는 새로운 변화의 기수들이라고 밝혔습니다. 그리고 아무리 어려운 환경이라 해도 개개인이 훌륭하고 탄탄한 실력과 성실한 인간성을 갖추고 있다면 어느 때엔가 반드시 그 실력은 인정받는다고 덧붙였습니다.

성공한 여성들이 장차 전문직에 종사할 후배에게 주는 충고
- 준비를 충분히 하고 항상 여유를 가져라.
- 인간성을 잃지 말도록 하라. 지나치게 공격적이거나 방어적인 태도는 원만한 인간관계를 해친다.
- 자녀를 가질 계획이면 보다 더 열심히 일할 각오를 하라.
- 의욕이나 꿈을 결혼 때문에 쉽게 희생하지 마라.
- 여성에 관한 문제를 다룰 때는 자연스럽고 총명하게 행동하라. 지나친 반응은 역효과를 가져온다.
- 인생 목표는 항상 높이 세워라.

- 만약 결혼을 하려면 이런 점들을 충분히 이해하는 사람과 하라.
- 이제 여성들의 사회 진출이 당연시되고 있다. 떳떳이 활동하라.
- 가정과 사회생활을 성공적으로 이끌어라. 딸을 키우는 부모, 장래 진로를 결정해야 하는 젊은 여성들에게 좋은 귀감이 될 것이다.

문화적 차이에 관대하라

각 문화권 속에는 그 문화 고유의 행동규범이 있으며 기대하고 가치 있게 생각하는 인간상이 다른데 그에 따라 자녀 양육태도도 다르게 됩니다.

가령, 미국사회는 변화지향적인 문화임에 반해 한국사회는 안정지향적인 문화권입니다. 미국사회는 보다 큰 것, 보다 새로운 것, 보다 빠른 것으로의 변화를 추구하는 것을 미덕으로 여기며, 그것이 미국이란 거대한 사회를 발전하게 한 힘이기도 합니다. 이에 반해 한국사회는 근대화·산업화로의 발전을 지향하면서도 큰 흐름은 전통적인 것을 고수하고 그를 기초로 안정되기를 바라왔습니다.

한국에서 자란 부모들은 안정적인 생활 등을 추구하나 이민 가정의 자녀들은 변화 지향적인 미국사회에 적응하기 위해 크게 변화되어 왔습니다. 그러므로 부모가 가치 있게 생각하는 것과 자녀가 가치 있게 생각하는 것 사이에 차이가 생기게 됨을 이해하며 자녀를 대해야 합니다.

미국사회는 개인의 관심이나 능력을 중시함에 반해 한국사회는 집단의 이해나 관심이 가치판단의 기준이 됩니다. 미국사회에서는 성장 과정에서 모든 일을 할 때 개인의 능력을 나타내기 위한 경쟁을 발달에 필요한 것으로 장려하고, 집단에 앞서 각 개인이 어떤 일을 어떻게 수행했는가에 따라 개별적인 평가를 하곤 합니다. 그러나 한국사회는 개인의 능력을 두드러지게 나타내기보다는 그가 속한 가문이나 학교 또는 지역사회 등이 강조되고 경쟁보다는 선후배의 서열이나 집단 속의 융화를 중시합니다.

미국문화는 모든 일의 성공 여부가 경제적인 의미로 해석되나 한국문화권에서는 그보다 더 중요한 것이 권위나 명예들로 대치되곤 합니다.

이외에도 두 문화권 사이에는 기본적 사고방식에서 차이가 있습니다. 한국의 전통적인 사고방식은 미래지향적이며 직관적인 통찰을 강조함에 반해 미국은 현실 지향적이며 논리적이고 실용적인 면을 강조합니다. 따라서 자녀 양육방식도 한국의 방식은 감정적이고 전체적인 것에 대한 직관적 이해를 통해 스스로 깨닫기를 요구하지만 미국의 방식은 논리적이고 이성적인 방법으로 설명하고 구조적인 방식을 사용하여 일정한 규범행동을 학습시킵니다.

흔히 한국가정의 부모 자녀 관계에는 특별한 설명 없이 느낌으로 알기를 기대하는 경우가 많습니다. 그러나 미국에서는 자녀들에게 부모의 말이니까 무조건 이유 없이 따르라고 요구하는 것은 무리가 따릅니다. 특히 부모와 자녀가 서로 다른 사고를 지니기 쉽기 때문에 더욱 정확히 서로의 의견을 교환해야 합니다.

어떤 문화가 더욱 우수하다거나 열등하다고 결론 내리기보다는 서로 다른 점을 분명히 이해해야 효과적인 자녀교육 방법을 수립할 수 있습니다. 우리나라도 다문화사회로 접어들고 있습니다. 서로가 서로의 사고방식을 존중해 주는 노력이 절실히 필요한 때입니다.

독서 지도, 빠를수록 좋다

노스캐롤라이나대학의 심리학 교수인 앤소니 캐스퍼는 자녀를 잉태했을 때부터 읽기를 시작하라고 합니다. 그의 연구결과에 따르면 임신한 엄마들이 6주 동안 하루에 두 번씩 소리 내어 책을 읽어주었더니, 그 아이가 태어난 후 태중에서 들었던 책을 전혀 들어보지 않았던 책보다 더 좋아했다고 합니다.

대부분의 학자들은 빠를수록 좋으므로 유아 때부터 읽어주라고 권하는데 이것은 아이에게 말하는 것과 동시에 읽기를 시작하라고 하는 것입니다.

읽는 것은 저절로 되는 것이 아닙니다. 더 많이 읽고 연습할수록

더 잘 읽게 되고, 잘 읽을수록 읽는 것을 더 좋아하게 됩니다.

읽기 지도는 부모가 시작하는 가정교육입니다. 부모가 좋은 시간을 규칙적으로 정하거나 아이의 시간에 맞춰 아침에 일어났을 때나 낮의 간식시간에 또는 자기 전에 책을 읽어주도록 합니다. 아이가 걷기 시작하면 자기가 보고 싶은 책을 책꽂이에서 가져올 것입니다. 그러면 그 책을 성의껏 읽어주세요. 또 규칙적으로 도서관에 데리고 가서 책도 읽어 주고 스스로 책을 고르도록 도와주세요.

취학 전 자녀의 독서지도는 다음과 같이 지도합니다.

• 자녀와 대화를 많이 한다. 놀아줄 때, 시장을 볼 때, 집안일을 할 때, 대화를 많이 하면 자녀의 언어 사용 범위가 늘어난다.

• 부모가 독서하는 모습을 보여준다. 독서가 중요하고 즐거움을 준다는 것을 알려주는 가장 좋은 방법은 부모가 책이나 잡지, 신문을 읽는 모습을 보여주는 것이다.

• 형이나 언니들이 어린 동생에게 책을 읽어주도록 권한다. 형이나 언니들은 자부심을 키울 수 있고, 동생은 언니나 형처럼 읽고 싶다는 욕망을 갖게 해준다.

• 노래나 시를 많이 들려준다. 쉽고 재미있는 노래나 시는 금방 따라하고 오래 기억한다.

• 많이 데리고 다닌다. 박물관, 전시회 등은 많이 볼수록 경험도 풍부해지고 어휘력이 느는 데 도움이 된다.

태어나서 다섯 살까지 얻은 직접경험과 독서를 통한 간접경험을 가지고 학교에 입학하면 성공적인 학교생활을 해낼 수 있습니다. 미술만 빼고는 거의 모든 과목이 읽기를 통해서 이루어집니다. 시험 문제를 보면 단순한 문제보다는 응용문제에 대한 질문이 많아졌습니다. 읽을 줄 알아야 시험 문제를 푸는 것은 당연합니다.

『아이와 독서의 나라』에서는 부모가 해야 할 독서지도 지침을 이렇게 소개합니다.

자녀의 질문에 성의껏 대답한다.

질문의 답을 잘 모르는 경우에는 자녀와 함께 책, 인터넷 등을 찾아본다. 그리고 선물할 기회가 있으면 책을 선물로 준다. 잡지를 정기 구독해도 좋다.

책읽기를 끝내거나 독후감을 끝냈을 때는 상을 준다.

예를 들면, 한 권을 끝냈을 때마다 쿠폰을 한 장씩 주어 약속한 숫자만큼 모으면 놀아주는 등 아이가 좋아하는 것을 하도록 한다.

부모 자신이 어렸을 때 좋아했던 책을 자녀에게도 읽어준다.

왜 그 책을 좋아했는지, 책과 관계되는 어떤 추억거리가 있는지에 관해 이야기를 들려주면 그 당시와 지금과의 생활습관, 환경 등의 차이를 발견할 수도 있고 무엇보다 부모에 대한 이해가 넓어진다.

가정은 교육이 연장되는 곳이다.

학교에서 하듯 책을 읽은 후 질문하고 답하면서 책 내용의 이해를 도와준다. 이때 아이의 나이, 또는 책 수준에 따라서 사실에 대한 질문뿐 아니라 아이의 사고를 발전시킬 수 있는 질문도 한다.

나오는 인물이 누구인지, 무엇을 하고 어디에 갔는지, 등장인물의 성격은 어떤지 등을 물어본다. 책이 끝나기 전에 결말을 예상하는 질문을 한다. 책의 주제나 구성에 대해 독자로서의 비평을 하게 하거나 다른 결말을 스스로 창조하게 하여 글로 써보게도 한다.

TV, 컴퓨터 게임이 읽기 교육에 미치는 영향

롱아일랜드 교수 팀의 발표에 따르면 컴퓨터 게임을 많이 하는 것과 지나친 TV시청은 읽기에 부정적인 영향을 준다고 합니다. TV를 보는 것은 참 쉽습니다. 그러나 독서는 능동적인 일로 집중과 계속적인 사고를 필요로 합니다. 어렸을 때부터 TV 시청과 컴퓨터 게임을 많이 한 아이들은 책 읽는 것이 쉽게 느껴지지 않습니다.

그런데 TV가 간접경험을 주므로 반드시 나쁜 것은 아닙니다. 다만, 수동적인 보기와 능동적인 읽기의 균형을 잘 잡아줘야 할 필요는 있습니다. 규칙을 정해 주말에만 보게 한다거나 부모가 함께 TV 프로그램을 보고 의논하여 볼거리를 선택한 다음 함께 보면 좋습니다.

소리내어 읽으며 독서의 기쁨을

책을 소리 내어 읽어주는 첫째 이유는 남이 읽어주는 것을 듣는 것은 기쁨을 주기 때문입니다. 책을 소리 내어 읽어주는 일은 또한 부모와 자녀가 함께 애정을 키우는 일입니다.

소리 내어 읽어줄 때 빨리 읽으면 안 됩니다. 아이가 내용을 나름대로 상상할 수 있도록 감정을 내어 연기하는 것처럼 읽는 게 좋습니다. 가능하다면 책 내용과 연관된 물건도 준비해 두세요. 음식이 나오는 책을 읽어줄 때는 책상 위에 그 음식을 준비해서 먹을 수 있도록 하는 것도 좋습니다.

아이를 대상으로 한 그림책에 있는 그림을 맘껏 활용하도록 합니다. 내용만 읽고 지나치기 쉬운데 책에는 각 상황에 맞는 그림이 있으므로 그 그림을 아이에게 꼭 설명해 주도록 하세요.

오래 앉아 있지 못하거나 읽는 것을 좋아하지 않는 아이에게는 종이와 색연필, 연필 등을 주어서 바쁘게 만듭니다. 물론 아이의 나이가 어릴수록 책을 읽어주는 시간도 짧아야 합니다. 읽기가 끝난 후에는 주제에 대해 서로 의견을 주고받습니다.

조기교육은 칼의 양날이다

　조기 교육을 받은 학생들의 지적 발달이 활발한 것으로 나타났습니다. 1972년부터 노스캐롤라이나 채플힐에 있는 프랭크 포터 그래함 아이 발달센터가 실시한 소위 '아베세다리안 프로젝트'로 저소득층 아이 조기교육을 집중적으로 연구한 결과의 내용입니다.

　아베세다리안 프로젝트는 5~8년간의 교육을 실시했으며, 학생에 따라서는 획득한 지능이 고등학교까지 계속되는 경우도 있었습니다. 조사 대상자들은 1972년과 1977년 사이 채플힐에서 태어난 흑인 아이들입니다. 그 중 부모의 연수입, 교육 등 학교에서 문제가 될 가능성이 있는 111명을 선별해서 학령 전 학교나 초등학교에서 특수교육을 받게 했습니다. 평균 입학 연령은 4.4세였습니다.

학교 프로그램에 참가한 학생의 부모도 개별적 지도와 도움을 받았습니다. 학령 전 프로그램에서는 언어발달, 문맹, 사회기능 발달에 중점을 두었고, 교사와 학생의 비율은 1 대 3으로 정했습니다.

학령 전 교육을 세 살부터 받은 학생들은 IQ가 계속해서 증가했으며, 이들은 통제집단보다 '수학'과 '독서' 점수가 높았습니다.

학령 전에 교육을 받은 아이들은 학습 기능의 발달을 가져오기 때문에 유치 시기 이전부터 시작하는 것이 좋을 것이라고 아베세다리안의 크래그래미 회장은 강조했습니다.

유치 시기 자녀의 성장과 지능발달

유치 시기 아이들은 일생을 통하여 가장 활발한 상상력을 나타냅니다. 심리학자 피아제는 이 시기의 아이들은 성인이나 더 어린 유아들과는 상이한 방식으로 사고한다고 주장하면서 그들의 풍부한 상상력을 중요시했습니다.

유치 아이의 상상력은 놀이를 통하여 표현되는 것이 보통입니다. 아직까지 시간 개념의 발달이 미숙하고 꿈과 현실을 구별하지 못하는 그들은 시공을 자유롭게 뛰어넘을 수 있으며 불가능한 것은 아무것도 없다고 생각합니다. 동화 속의 이야기도 실현 가능한 것이며, 구름이나 빗자루를 타고 하늘을 나는 것도 가능하다고 생각합니다. 더욱이 성인의 행동을 모방하고 TV나 동화책에서 본 영웅이나 슈퍼맨의 행동을 바탕으로 자신만의 독특한 상상력을 발휘하기도 합니다. 그들은 상상의 세계에서 꿈을 충만시키고, 처벌하고 용서하는 동시에 두려워하고, 두려움을 극복하기도 합니다.

한때, 우리는 상상력이나 창조적 재능은 훌륭한 업적을 남긴 소수의 역사적 인물들만 소유하고 있는 것으로 생각했습니다. 그러나 창조적 재능에 관한 연구에 의하면 인간은 누구나 태어날 때부터 상상력이나 창조적 잠재력을 지니고 있다고 합니다. 따라서 중요한 것은 어떻게 그러한 잠재능력을 발현할 수 있도록 도와줄 수 있나 하는 것입니다.

우리의 교육을 보면 아이에게 '성인이 요구하는' 정답을 찾아내는 문제만을 제시하는 경향이 있습니다. 학교에서 성공하기 위해서는 좋은 점수를 얻어야 하며, 그렇게 하기 위해서 오로지 교사가 요구하는 정답만을 익히게 돼 다른 가능한 해결책을 찾아보기 위한 노력을 해볼 기회를 갖지 못합니다.

교육개발원에서 수행된 연구에 의하면, 전통적으로 교사들은 상상력이 풍부하고 창조적이며 독창적인 아이보다는 IQ가 높은 아이를 선호하는 경향이 있다고 합니다. 전통적인 학교교육을 받고 성장한 부모나 교사는 통상적인 답변과는 상이한 아이의 기발한 아이디어나 문제 제기에 대해 거부감을 표시함으로써 아이의 독창성의 싹을 잘라버린다는 것입니다.

또한 부모는 아이의 환상적 사고를 제지하고 부모 자신의 생각을 강요하는 경우가 많습니다. 4~6세 아이들의 상상력은 주위 성인들의 강요가 없는 한, 성인이 되었을 때 국가 발전에 기여하는 창조적 재능으로 발전할 수 있습니다. 이 시기 아이들의 창의력을 육성할 수 있는 유일한 방법은 통상적인 사고와 어긋나는 아이의 사고를 무조건 수용해 주는 것입니다.

자연과 접촉하고 그것으로부터 경험하는 감동 또한 무시할 수 없습니다. 자연과의 접촉을 통하여 느끼는 감동은 상상력 표현의 원동력이 될 수 있기 때문입니다.

교육학자 루소는 "자연으로 돌아가라."고 주장하면서 인위적인 교육으로 아이를 지도할 것이 아니라 스스로 성장할 수 있도록 내버려 둘 것을 제안했습니다. 루소의 주장을 전적으로 받아들일 수 없다고 하더라도 인간 본성을 육성하는 것이 중요하다는 사실을 무시할 수는 없습니다.

혼자만의 시간을 갖는 아이들의 성장

요즘 아이들은 매우 바쁜 생활을 하고 있습니다. 성인보다 더 바쁘다고 해도 과언이 아닙니다. 학교 다니랴, 여러 학원 다니랴, 숙제도 해야 하고…… 잠자는 시간도 부족합니다.

아이들은 학교교육이나 학원에서의 가르침에 의해서 지식을 획득하고 성장하기도 하지만, 자유로운 놀이나 휴식을 통한 성장도 무시할 수 없습니다. 따라서 성인과 마찬가지로 아이들도 아무것도 하지

쉬이~~~잉!

아이의 상상력은
놀이를 통해서 표현된다고?

않으면서 그냥 누워서 시간을 보낸다거나 사색할 수 있는 혼자만의
시간을 필요로 합니다.

아이들은 무한한 상상력을 지니고 있기 때문에 혼자만의 상상의 세
계에서 시공을 뛰어넘고 날아다니는 경험을 함으로써 자신만의 지적
세계를 확장해 갑니다. 뛰어난 독창성이나 창조성은 오히려 시간에 쫓
기지 않고 느긋한 기분이나 여유 있는 마음가짐에서 싹틀 수 있습니다.

그러나 부모들은 자녀가 학원에 다니면서 무엇인가를 배우고 있지
않으면 남에게 뒤질 것만 같아서 불안을 느끼곤 합니다. 현대는 능력
제일의 사회이므로 남보다 앞서기 위해서는 한 가지라도 더 배워야

한다는 생각 때문입니다.

배움이란 일생 동안 계속되는 장거리 경기임이 분명합니다. 그럼에도 불구하고 부모들은 자녀에게 과중한 배움을 강요함으로써 단거리 선수로 전락하게 하는 행동을 서슴지 않고 있습니다.

자녀가 여러 가지를 배우고 있다고 해서 반드시 유능한 사람이 된다는 보장은 없습니다. 오히려 배우겠다는 의욕이 없는 자녀에게 무리하게 가르치려고 함으로써 배우고 학습하는 그 자체를 혐오하게 할수도 있기 때문에 문제가 됩니다. 배우고 가르치는 일은 장기적인 안목을 가지고 서두르지 말고 점진적으로 이루어져야 합니다.

자녀가 어릴수록 가르치는 것이 지나쳐서는 안 됩니다. 아이들이 학교생활에도 적응해야 하고, 학원 공부로 부담을 느낄 때는 잠깐 쉬어 주어야 합니다.

지나치게 부모가 연습을 강요하거나 학원에서 불쾌한 경험을 한 일이 있는가를 살펴보고 아이가 배우지 않으려는 이유가 있다면 문제를 해결해 주어야 합니다. 또 재미있게 배우던 아이들이 일시적으로 배우고 싶어 하지 않고 지루해하는 경우에는 한두 달 정도 쉬게 한 다음 다시 배우게 하는 것도 하나의 방법입니다.

학교생활과 함께 여러 학원을 동시에 다니는 것을 부담스러워한다면 한 가지 정도만 배우도록 해서 아이의 부담을 덜어주는 것도 좋습니다.

연령별 아이의 특성과 부모의 할 일

하루가 다르게 성장하는 어린아이를 둔 부모는 할 일이 너무나 많습니다. 영양, 발육상태는 물론 지능, 성격형성 등 모든 면에서 세심한 보살핌과 주의를 기울여야 합니다.

연령별 아이의 특성과 부모들이 해야 할 일에 대해 정리한 전문가의 조언입니다.

2세 아이

이 시기 아이들에게 중요한 것은 놀이입니다. 아이가 이때쯤 되면 노는 것의 재미를 알고 끊임없이 놀잇감을 찾게 되는데, 부모가 해야 할 일은 안전하고도 아이의 상상력과 흥미를 충족시킬 수 있는 놀잇감을 제공하는 일입니다. 이때 놀잇감이란 반드시 비싼 장난감이 아닙니다. 오히려 나이에 걸맞지 않은 장난감은 역효과를 초래함을 명심해야 합니다.

아이들이 좋아하는 것은 색색가지 종이카드나 잡동사니를 넣을 수 있는 종이상자. 헝겊조각, 신문지, 크고 작은 실타래 등 여러 가지가 있습니다.

3,4세 아이

점점 말썽을 부리게 되고 이로 인해 꾸중을 많이 듣게 되는 나이입니다. 부모가 자녀를 꾸짖을 때 명심할 것은 일관성을 갖는 것과 정도에 지나쳐서는 안 된다는 것입니다. 가장 효과적인 방법은 스스로 옳고 그름을 깨닫게 하고 이를 다시 반복하지 않게 하는 것인데, 말썽을 일으킬 때마다 아이에게 계속 그것이 잘못된 행위임을 느끼게끔 알려주는 것이 중요합니다.

또한 이 시기 아이에게 지나치게 체벌을 가하는 것은 금물입니다.

5,6세 아이

무서움과 때론 공포까지 갖는 연령입니다. 이들이 무서워할 수 있는 대상은 동물이나 곤충, 혹은 TV 등장인물, 어두움이나 혼자 있는 것 등 여러 가지입니다.

때로는 자다가 깨어나 유령을 보았다고 하거나 혼자 남겨지는 것을 싫어할 수도 있습니다. 이때 부모는 자녀에게 "네가 무서워하는 것은 별것이 아니야."라며 무시해선 안 됩니다. 항상 자녀 곁에 부모와 형제, 친구 등 누군가 함께 있어 아이가 안정감을 느끼도록 해주세요. 아이가 무서움을 호소할 때, 이를 놀리거나 웃음거리로 만들면 아이는 공포심에서 헤어나지 못합니다.

집중력이 실력이다

어렸을 때부터 자녀에게 많은 자극을 주어 가정이 '문화적으로 풍요한 장소'가 된다면 자녀의 지능지수는 현저하게 높아질 것입니다.

부모가 할 일은 자녀들에게 이러한 기회를 만들어주고, 중요한 환경을 갖추어주는 것입니다. 세 살이나 네 살 때부터 자녀들에게 교육을 시키라는 것이 아닙니다. 자장가 대신 ABC를 가르치거나, 하나, 둘, 셋을 가르치거나 우리 글자를 가르치라는 것은 더더욱 아닙니다. 조기 교육이란, 지극히 간단하고 자연스러운 일입니다.

젊은 부부가 생후 20개월 정도쯤 되어 보이는 아이를 데리고 식탁에 앉아 있습니다. 주위를 두리번거리던 아이는 얼음이 들어 있는 컵에 손을 내밀어서 그것을 자기 앞으로 끌어당기려 합니다. 그것을 눈치 챈 엄마는 그 컵을 아이가 손으로 잡을 수 있도록 만들어주고 남편과 이야기를 계속합니다. 그런 상태에서 얼마나 지났을까? 약 10여 분 동안 아이는 얼음을 가지고 노는 데 아주 열중합니다.

컵에서 얼음조각을 꺼내기도 하고, 그것을 다시 컵 속에 집어넣기도 하고, 탁자 위에 굴려보기도 하고, 입에 넣었다가 꺼내어서 손으로 만지작거리다가 코에 대보기도 하고 볼에 대보기도 합니다. 또 왼손에 쥐고 있다가 오른손으로 옮겨 쥐기도 하고…….

먹을 음식이 배달되어 식탁에 놓일 때까지 아이는 이런 방법으로 스스로 자극을 받으며 새로운 지식을 얻어나갑니다. 그리하여 근본적으로 욕구가 충족되자 아이는 행복하고 즐거워합니다.

아이 부모는 "안 돼!", "가만히 있어!"라는 말 대신에 그들 자신에 대한 이야기를 즐겁게 계속 나눕니다.

이처럼 주위에 있는 사물을 이용해 학습을 시키는 것이, 얼음조각을 가지고 놀지 못하게 함으로써 우는 아이를 달래는 것보다 현명한 교육입니다. 자녀의 지능발달에 관심을 보이면서 우연하게 자녀의 본래적인 호기심을 깨닫는 곳은 가정입니다. 하지만 오늘날에는 어떻게 하면 지능발달을 촉진할 수 있는가, 그것이 얼마나 중요한가에만 집중하고 있습니다.

아이의 주의집중력 강화 방법

아이들은 집중할 수 있는 시간이 무척 짧습니다. 유치 아이의 집중 시간은 10~15분 이내므로 한 가지 일을 오랫동안 할 수 없습니다. 하지만 대부분의 아이들이 자신이 흥미를 느끼는 일은 오래 집중할 수 있습니다. 좋아하는 TV 만화영화를 볼 때는 20분 이상 계속되어도 아이들은 움직이지 않고 계속해서 봅니다.

아이가 주의 집중력이 짧다고 해서 어떤 일을 중도에 그만두는 것은 바람직하지 않습니다. 이런 것이 습관화되면 성장한 후에도 무슨 일이든 끝까지 수행하기가 어렵습니다. 지금 이 시기의 습관이 일생 동안 지속될 가능성이 크므로 빠른 시간 내에 행동을 수정해야 합니다.

아무리 두뇌가 우수하고 유능한 사람이라고 할지라도 끈기가 없으면 아무것도 성취할 수가 없다는 것은 자명한 일입니다. 끈기를 길러주기 위해서는 아이가 주의 집중을 할 수 있는 시간 내에 어떤 일을 완성할 수 있도록 해주세요.

쪽수가 적고 얇은 그림책을 끝까지 보게 하거나, 크기가 가장 작은 종이를 사용하여 그림을 끝까지 그릴 수 있도록 지도합니다. 또한 완성하지 못할 때는 완성의 기쁨을 느낄 수 있도록 도와주세요. 책을 읽어주거나 이야기를 해줄 때에도 끝까지 자기의 책임을 완수한 사람들의 이야기를 해줄 수 있다면 더욱 좋습니다.

부모의 지도에도 불구하고 중도에 그만두는 끈기가 없는 모습이 보일 때는 관심을 보이지 말고 냉정하게 대해 보세요. 하지만 사소한 일이라도 아이가 끝까지 수행하면 칭찬해 줍니다. 또한 가족 모두가 무슨 일에서든 최선을 다하는 모습을 아이에게 보여 줄 수 있다면 아이도 자신이 해야 할 일을 가볍게 대하지는 않을 것입니다.

Q **성격이 너무도 다른 남매, 어떻게 키워야할지 모르겠어요.**

자녀가 친남매인가 의심스러울 정도로 성격이 아주 판이하게 다릅니다. 오빠는 매우 소극적이며 내성적이고 비판적인 반면, 딸은 아주 개방적이며 적극적입니다. 무엇이든지 한 번은 시도를 해야 직성이 풀리고 다방면에 자질이 있고 친구도 많습니다. 반면, 아들은 운동에 취미가 없고 운동하는 것을 아주 싫어합니다. 어떻게 하면 좋을까요?

A 엄마로서 자식에 대한 염려와 보호본능은 충분히 이해합니다. 그러나 자녀들의 개성에 대해 비판적이기 이전에 넓은 이해심으로 자녀 각자가 지닌, 전에 생각지 못했던 재능, 가족에 대한 존경심, 협동심, 그리고 가족에게 보여주는 성실성 등을 감사하게 생각하기 바랍니다. 절대적으로 형제들을 비교해서 평을 하는 것을 피해야 하며, 자녀도 존경을 받을 가치가 있음을 인식하기 바랍니다.

많은 부모는 자녀들을 그들의 이상에 맞추어 살기를 강요하고 또, 자녀들은 그 이상을 만족시키지 못해서 힘들어합니다. 이로 인해 부모가 받는 실망감은 부모 자녀 사이에 불협화음을 만듭니다. 이것은 대단히 위험한, 그리고 공평치 못한 교육입니다.

아들이 지닌 장점을 살려 자기생활에 만족을 느낄 수 있도록 많은 배려가 필요합니다. 남자라는 이유로 운동을 잘해야 한다는 법칙은 없습니다. 또한 남자이기에 수줍어하지 말라는 법칙도 없습니다.

한국인들 속에 아직도 남아 있는 남성과 여성이 되는 법칙은 이제 잊어버리고 개성이 뚜렷하고 자기 주관이 확실한 참된 인간을 만들어 주기에 힘을 더욱 기울여야 하겠습니다.

아동 심리는 꼭 배워야 하나요?

저는 다섯 살, 일곱 살, 아홉 살 아이의 엄마입니다. 제 아이들을 훌륭하고 자랑스럽게 키우고 싶습니다. 그런데 저는 크게 배운 것도 없고 아이들의 심리적인 특징도 잘 모릅니다. 그래서 좋은 부모로서의 자신감이 부족합니다. 특별히 알아야 할 이 시기 아이의 심리적인 특징은 어떤 게 있는지요?

아이들은 누구를 막론하고 자신의 타고난 천성과 자신이 처해 있는 직접적인 환경(가정환경, 부모의 성격, 교육, 부모의 사회적인 여건, 경제적인 형편, 부모의 건강, 부모의 연령 이외에도 여러 가지 요소가 많음.)과 더 큰 환경(학교, 이웃, 지역사회 더 나아가서 국가, 문화) 등의 상호작용을 통해 자기대로의 하나의 인격체로 형성이 되어 갑니다. 하지만 아이들이 거쳐야 하는 일률적이고 비슷한 발달과정은 있습니다.

먼저 일반적으로 아이들이 나이에 따라 갖는 심리적 특징을 말하기 전에 자녀를 두고 마음에 꼭 명심해야 할 원리원칙을 알 필요가 있다고 봅니다.

첫째, 자녀를 나의 연장이나 나의 소유로 착각하지 말아야 할 것.

둘째, 아이 그대로의 존재가치를 인정해 줄 것.

셋째, 환경을 탐구할 필요가 있다는 것.

인간은 누구나 환경을 조성하고, 환경에 대해서 배우고 환경에 있는 여러 가지 자원을 발굴하고 잘 활용해야 합니다.

자녀의 나이별 특징을 살펴보면, 다섯 살은 어릴 때와는 달리 유치원 입학이라는 더 큰 단체생활을 하게 됨으로써 자기 나름대로의 책임을 완수할 수 있는 시기입니다. 일곱 살은 좀 더 현실적으로 발달함으로써 공상과 현실을 구별할 줄 알게 되고 무슨 일을 맡기면 목적을 마음에 두고 끝낼 줄 아는 때입니다. 이 나이에 갖는 또 하나의 특징은 자기가 배운 것에 대해 자신감을 갖기 시작한다는 것입니다. 그러므로 주위의 여러 가지에 대해 관심을 갖기 시작하며 배우려고 하는 때입니다. 아홉 살은 정서적으로 좀 더 성숙했기 때문에 자기중심에서 벗어나 그룹 형성을 시작하는 때이며, 또한 남의 그룹에 대한 적개심도 은근히 가지게 되는 때입니다.

그러나 이러한 감정이 아직 어리므로 길게는 못 간다고 봅니다. 남에 대한 책임을 느끼기 시작하며 남과 자기를 구별하고 평가하는 눈이 생기며 공평함, 공정함에 많은 관심을 둡니다. 내향적인 아이들은 여기에 더욱 민감하다고 볼 수 있습니다.

인생의 밭을 가꾸는
'성품' 스토리텔링

Ⓠ 나쁜 친구들을 사귀며 아이가 반항적이에요!

Ⓠ 아이가 산만하고 집중력이 떨어져 걱정입니다.

상과 벌은 기준이 명확해야 한다

부모가 자녀에게 주는 훈육 방법은 그것이 상 또는 벌 중 어떤 형태이든 간에 자녀의 자기 통제력을 길러주며, 행동에 있어 변화를 초래합니다. 이런 사실을 쉽게 설명해 주는 좋은 연구가 있습니다.

어린아이 앞에 눈에 띄고 좋은 장난감들을 늘어놓고, 예쁜 장난감을 만질 때는 아무 소리 않고 있다가 밉고 흉한 장난감을 만질 때면 "참 잘했어요!" 하면서 사탕을 주면 나중에 혼자 놀 때도 눈에 띄는 장난감을 가지고 놀지 않고 볼품없는 장난감을 가지고 노는 것을 관찰할 수 있습니다.

대부분의 경우 우리가 자녀를 키울 때는 그 반대 현상이 일어납니다. 부모가 은연중에 싫어하는 것은 "안 돼, 하지 마." 하게 되고, 부모가 좋아하는 것은 격려하게 됩니다. 이런 까닭에 자녀는 부모가 보이는 반응에 따라서 자신의 행동이나 좋고 싫음을 정하게 마련입니다. 그러므로 부모는 자녀의 행동에 대해서 막연하게 지시하지 말고 항상 일관적인 태도로 구체적으로 지도해야 합니다.

부모는 자녀를 도와 옳은 판단력을 키우고 자기 통제력을 가지게 하기 위해 일관적인 태도를 수립하려고 할 때는 자녀가 기본적으로 가지고 있는 내적인 힘을 꼭 생각해야 합니다. 자녀가 아무 외적인 자극이나 도움 없이 세상을 바라보고 스스로 그에 대처하는 모습을 지켜보는 일이 어떤 훈육 방법을 정하기에 앞서 제일 먼저 해야 할 일입니다.

엄한 벌이나 심한 체벌 등 권위적인 교육을 받으며 자란 아이는 자기 통제의 기준을 외적 지표에 두기 쉬워서 적절한 양심 발달이 이루어지지 않습니다. 이런 아이는 자라면서 세상만사는 어떤 권위적인 힘이나 운명에 좌우된다고 믿기 쉽습니다. 그와 반대로 자기 내적인 지표에 기준을 두고 통제력이 발달한 아이는 자신의 운명이나 결정은 어떤 외적인 힘이 아닌 자기 자신의 옳은 판단력에 의해 이루어진다고 생각하게 됩니다.

"지시적인 방법보다 설명적인 방법을 사용하라."는 말은 다음의 예를 통해 설명될 수 있습니다.

"동생을 때리지 마!" 하면서 매를 드는 것보다는 "동생을 이유 없이 때리면 동생의 마음속에 나쁜 느낌이 생기게 돼." 하는 식으로, 또는

어떤 위험한 물건을 보면서 "손대지 마!"라고 하기보다는 "자 이 속을 잘 보자. 이 속에는 깨지기 쉬운 물건이 들어 있구나. 떨어지거나 거칠게 다루면 어떻게 될까?" 하는 것이 훨씬 효과적이며 스스로 판단할 기회를 준다는 것입니다.

막연하게 하기보다 구체적으로 상벌을 사용하는 방법은 다음과 같이 설명됩니다. 예를 들어, 자녀가 다른 사람의 물건을 허락 없이 쓴 일이 문제가 되었다고 합시다. 흔히 부모는 "남의 물건을 그냥 쓰는 애는 나쁜 아이야."라고 하기 쉬우나 "남의 물건을 허락 없이 쓰는 행동은 나쁜 거야."라고 하는 것이 보다 정확한 설명입니다. 즉, 좋은 사람도 나쁜 행동을 할 수 있다는 것과, 좋지 못한 아이기 때문에 그런 행동을 한 것 사이에는 분명히 큰 차이가 있습니다. 나쁜 또는 좋은 행동에 대한 적절한 대처를 함으로써 아이의 자기존중심을 다치지 않도록 지도할 수 있습니다.

상과 벌을 효과적으로 사용하기 위해서는 한 번에 한 가지 방법만을 사용해야 합니다. 여러 방법을 한 번에 다 쓰면 효과가 없을 수밖에 없습니다.

"안 돼!"라고 야단치다가, 아이가 계속 떼를 쓰면 원하는 물건을 사준다고 했다가, 좀 더 보채면 매를 들고 때린 후에는 마음이 아파 안아주고 해달라는 대로 다 해주면 그 행동은 절대로 고쳐지지 않습니다.

미국 부모들의 경우 자녀를 향해 매몰차게 "No!" 하고 돌아서는 것을 쉽게 볼 수 있습니다. 더욱 놀라운 것은 부모의 한마디에 자녀가 더 이상 보채지 않고 수용한다는 것입니다. 평소에 부모가 가부를 정확히 표현했기 때문에 가능한 일입니다. 정이 있고 없는 것과 분별 있는 교육과는 구분되어야 합니다. 잠시 마음이 아프더라도 필요하다면 단호히 금지시켜야 합니다.

자녀를 훌륭하게 키우는 일은 생각할수록 어려운 일로 여겨집니다. 하지만 부모와 자녀가 서로 노력하고 관심을 가짐으로써 상호 간에 진정한 인간관계가 수립된다면 꼭 그렇게 어려운 일은 아닙니다. 자녀교육이 어렵게 생각될 때는 서슴없이 자녀에게 도움을 청할 필요가 있습니다.

"엄마 아빠가 너의 행동 때문에 몹시 걱정이 되는데, 어떤 방법으로 도와주어야 할지 생각이 잘 안 나는구나. 우리 같이 생각해 보면 어떻겠니?"

이는 때때로 부모보다 자녀 자신이 훨씬 자기 행동의 옳고 그름을 잘 알고 있기 때문입니다.

실수할 때는 혼내고 잘한 일에는 칭찬 않는다.

전국적으로 실시한 한 교육설문조사에 의하면 자녀의 교육에 열성을 보이는 부모의 자녀들이 대체로 우수한 학교 성적을 나타낸 것에 비해, 일에 많은 시간을 투자하고 집을 자주 비우는 부모의 자녀들은 대부분 학교 성적이 저조한 것으로 나타났습니다.

학교 공부에 문제를 안고 있는 학생의 90%가량이 가정 문제도 함께 겪고 있었으며, 이러한 이중적 문제에 시달리는 학생 중에는 그 해결 방법으로 가출하여 거리를 배회하거나 친구들과 집단생활을 하기도 합니다. 보통 한 학생이 가출하면 그것은 마치 신호탄과 같아서 주위 친구들도 잇따라 가출을 감행하곤 합니다. 이러한 신호탄적 가출로 인해 불건전한 또래집단이 형성되기도 합니다.

이들 학생들의 가출 원인을 살펴보면 거의 비슷한 경향으로 나타납니다.

- 부모의 지나친 기대에서 오는 부담
- 자주 집을 비우는 부모의 무관심
- 부모와의 대화 부족
- 부모의 이해 부족
- 아버지의 지나친 엄격함
- 일에 지친 어머니와의 상호 이해 부족
- 집안의 지루함
- 친구들을 인정치 않는 부모의 태도
- 경제적인 문제로 인한 부부싸움

이 같은 문제점들을 안고 있는 십 대들은 문제를 해결하기보다는 그 문제를 회피하는 길을 선택합니다. 그들은 우선적으로 안정을 요구합니다. 복잡한 이 시대를 살아가는 그들은 진정한 안정을 필요로 합니다. 또한 삶의 갖가지 문제와 도전을 이겨내기 위한 튼튼한 삶의 기초를 요망합니다.

그렇다면 십 대들은 어떠한 삶의 기초를 요망할까?

우선, 십 대들은 그들 부모로부터 '긍정적 격려와 사랑'을 구하고 있습니다. 부모 중 아버지가 더 큰 문제의 장본인으로 대두됩니다. 특히, 남학생들은 "아버지가 싫다."라고까지 말합니다. 그 이유는 주로 "아버지들이 너무 권위적이다."라거나 "아버지는 내가 실수할 때마다 혼내면서 잘한 일에는 칭찬하지 않는다." 또는 "아버지는 내게 심부름을 시키거나 일을 시킬 때만 말을 건넨다."라고 전합니다.

가정에서는 아버지의 역할이 상당히 중요한 부분을 차지합니다. 대개의 십 대들은 그들의 부모를 만족시켜주고 싶어 하고 부모가 자랑할 만한 자식이 되고자 노력합니다. 그러나 이들은 결국 그러한 뜻을 이루지 못했다고 자포자기합니다. 뜻을 이루지 못했다는 생각의 원인은 아마 부진한 학교 성적과 부모가 허락하지 않는 친구를 사귀고 있다는 것에서 오는 자책감에 있을 것입니다.

어떤 학생들은 그들이 가정의 경제적인 부분을 어느 정도 책임져야 한다는 생각도 하고 있습니다. 어떤 부모는 자녀에게 경제적 부담을 안겨주어 가정의 분위기를 악화시키기도 합니다. 물론 부모가 이러한 부담을 줄 때는 자녀의 주체적 생활 능력을 길러주기 위해서이지만, 자칫하면 가정의 안정을 파괴할 수 있고 결과적으로 자녀의 가출을 가능케 하며 때로는 폭력적 범죄 행위에 가담하게 할 수도 있습니다.

십 대에게 있어서 부모의 사랑보다 더 귀중한 것은 없습니다.

십 대 청소년의 부모에게 가정의 안정을 꾀하는 데 도움이 될 몇 가지 제안을 하고자 합니다.

- 돈보다 더 귀중하고 질적인 대화의 시간을 자녀와 가져야 한다.
- 자녀가 특정한 일을 잘하지 못해도 격려해 주고 분발하게끔 도와야 한다.
- 자녀가 필요할 때마다 대화를 할 수 있는 여유 있는 부모가 되어야 한다.
- 자녀 앞에서 돈이나 가족 문제로 부부싸움을 하지 말아야 한다.
- 부모의 보조와 조언에서 자녀가 주체적 결정을 내릴 수 있게 해야 한다.
- 아버지는 대화를 보다 부드럽게 하는 것이 필요하다.
- 자녀를 꾸중할 때는 그들을 진정 사랑하기 때문임을 확실히 해야 한다.
- 남의 자녀와 내 자녀를 비교하지 말아야 한다.
- 가족 간의 분위기를 원만하고 밝게 해야 한다.
- 자녀에게 사랑한다는 말을 자주하는 것이 필요하다.

십 대에게 전달하는 메시지는
간결하고 부드러워야 한다

가정마다 십 대 청소년으로 인한 문제가 많이 일어나기 때문에, 부모는 어떻게 하면 청소년 시기의 자녀가 자신의 말에 순종하게 할 수 있을까 하는 질문을 많이 합니다.

십 대들은 자기의 필요를 충족시키기 위해 부모를 힘들게 하고, 친구를 괴롭히는 등 사회에 방해 요소가 될 때가 있습니다. 이것은 십 대들이 자기충족을 위해서 부모, 친구, 사회의 입장을 염두에 두지 않고 파괴적이고 거친 언행을 하기 때문입니다.

또 내적인 문제에 있어서 고민이 있는 십 대들은 급하게 해야 할 일들이 있는데 미루어 버리거나, 조용히 해야 할 곳에서 떠들고, 깨끗하게 해야 할 때 더 추한 꼴을 하고, 멋을 부리지 말아야 할 때 지나치게 멋을 내곤 하면서 부모의 눈 밖에 벗어나는 행동을 하곤 합니다.

부모는 십 대들이 자기의 삶을 이런 방식으로 살고 있다는 것과 피가 끓기 때문에 자신의 존재에 대한 즐거움과 만족을 위해 다채롭게 살려고 한다는 것을 필히 알아야 합니다.

그럼에도 불구하고 부모가 도저히 그 태도를 용납할 수 없을 때 어떻게 해야 할까?

이러한 문제를 해결하기 위해서는 무엇보다도 문제의 출처를 캐내야 합니다. 부모에 의해서 나온 문제냐, 아니면 청소년 자신에 의해서 나온 문제냐를 정확히 짚어내야 합니다. 많은 부모는 문제의 소재를 파악하지 못하고 있습니다. 대개의 부모는 문제가 생기면 전부 나 자신의 문제로 생각하기 때문에 침착성을 잃고 흥분하여 이성을 잃어버립니다. 때문에 문제가 더 커지고, 해결하는 데 더 오랜 시간이 걸리게 됩니다.

만일, 문제가 자녀에 의해서 생긴 것이라면 자녀가 먼저 부모에게 대화를 청하도록 도와야 합니다. 그럴 때 부모는 진지하게 듣는 자가 되어주고, 상담자가 되어주고, 자녀가 그 문제를 해결하도록 인도해야 합니다. 그렇게 하면 자녀는 그 해결 과정에서 나타나는 고충 때문에 반복되는 죄를 범하지 않을 것입니다. 다른 한편으로는 부모가 그 문제에 대해 깊은 관심을 표명하면 자녀는 자신의 문제를 해결하려는 노력을 하게 됩니다.

하지만 부모가 그 문제에 대해 너무 걱정하면서 "그것은 모두 내 책임이야."라고 전부 자신의 책임으로 돌리면 문제는 해결할 수 없는 곤경에 처하게 됩니다. 죄는 자녀가 짓고 부모가 그 사건을 해결하고, 영향력을 행사하고, 부모가 문제해결에 만족을 하니, 부모는 자녀에 대해 침략적 성격을 가지게 됩니다. 따라서 비록 문제가 해결되었다 하더라도 계속해서 또 다른 문제가 발생하게 되는 것입니다. 그러므로 이러한 성격의 부모는 다음의 세 가지 방향에서 자기 스스로를 고쳐야 합니다.

- 자녀 스스로 변화하도록 부모가 도와줘야 한다.
- 부모가 주변 환경을 변화시키도록 노력해야 한다.
- 부모 스스로 변화하도록 노력해야 한다.

이 세 가지 변화를 위해서 부모가 주의할 점은, 청소년의 자기존중감(Self-Esteem)을 파괴시켜서는 안 된다는 것입니다.

대화를 할 때 '너'라는 표현을 이용하는 경우와 '나'라는 표현을 이용하는 경우가 있습니다. 대화의 실패는 '너'라는 용어를 많이 사용하는 데 있습니다. 그런 이유 때문에 부모와 자녀 간의 신뢰가 무너질 수 있습니다.

"너가 이렇게 하지 않았니?", "너 중지하지 않으면 혼난다." "왜 네가 이것을 했니?", "너 좀 좋은 인간이 되면 안 되겠니?"

이와 같이 '너' 라는 용어를 많이 사용하면 부모는 청소년 교육에 실패합니다. 성공적인 대화가 이루어지기를 바란다면 '너' 라는 용어 대신 '나' 라는 용어를 사용해야 합니다.

자녀가 학교에 가지 않았을 때, "나는 마음이 몹시 괴로워 잠을 자지 못했어." 부엌을 어지럽혔을 때, "나는 부엌을 깨끗이 청소했는데 다시 더러워지니 용기가 상실되는구나."

바로 이와 같이 대화할 때나 칭찬할 때 '나'라는 용어를 사용하면, 자녀의 정신을 건강하게 하고 또 부모와 자녀 사이의 관계를 좋은 방향으로 유도하게 되며 자녀들의 나쁜 태도를 변화시키는 데 가장 긍정적인 영향력을 발휘하게 됩니다.

186

십 대의 우울증을 위한 처방

　세상의 많은 사람 중에는 새삼스레 자신이 살아가고 있는 인생의 의미와 목적에 대하여 상념에 빠져 있는 이도 있습니다.

　최근에 만난 어느 학부모는 아들이 보름이나 집을 나가 방황하다 돌아왔다며, 아들이 깡패들과 어울려 자꾸 나쁜 길로 빠지고 있는 것 같다고 걱정이 이만저만이 아니었습니다.

　그 아들은 지난 몇 달 동안 학교 가기를 싫어했는데 그 이유가 뭐냐고 물으면 그저 계속 아프다고 합니다. 그러나 부모가 보기엔 어디가 아픈지 알 수가 없었고 겉으로도 멀쩡해 보입니다. 전에는 그렇게 밝고 명랑하던 아들이 점차로 의기소침하여지고, 부모와 친구로부터

도 멀어져 갔습니다. 그의 부모는 참다못해 게을러 빠져 아무런 의욕
도 없다고 아들을 꾸중하였습니다. 그런 일이 있은 후 아들은 더욱 우
울해졌습니다.

　십 대들의 우울증, 그것은 한마디로 말하면 일종의 콤플렉스로서
위험하고 미묘한 현상입니다. 콤플렉스란 아주 복잡 미묘한, 말로 설
명할 수 없는 이유로부터 발생하는 것입니다. 전혀 다른 사람이 눈치
챌 수 없을 뿐만 아니라 십 대들에게는 더욱 심하여 그들이 자살을 하
거나 어떤 위기에 직면할 때까지 알 수가 없는 경우가 많습니다.

　자신의 삶을 종결하려 하거나, 적어도 그런 유혹에 빠지는 십 대들
의 얘기를 간혹 들어 본 적이 있을 것입니다. 그 부모들은 자녀들이
옳고 바른 길로 가고 있으며 대단히 행복하게 자라는 줄로만 알고 있
었기 때문에 큰 충격을 받습니다.

　십 대들의 우울증이란 딱 집어 말하기가 매우 곤란합니다. 그것은
어른들의 그것과는 대단히 다르기 때문입니다. 예를 들면 십 대들은 조
금 우울해 보일 뿐 보통 때와 다름없이 말하고 행동합니다. 물론 거기
에는 밖으로 드러나는 몇 가지 신호가 있긴 합니다. 약간 우울해하면서
도 터무니없이 멍해 있는가 하면, 밤에는 종종 나쁜 꿈에 시달립니다.

　좀 더 심각한 우울증이라면 청소년들은 보통 때와 다름없이 말하
고 행동하는 가운데에도 뭔가 부자연스럽게 행동하고 숨기는 게 있는
것 같은 느낌을 줍니다. 그런 청소년일수록 어떤 문제나 위기를 죽음

과 연관 짓는 부정적인 얘기를 많이 합니다.

많은 부모는 청소년들의 우울증이 전혀 표시나지 않는다는 것에 주의를 기울이지 않는 것 같습니다. 청소년들에게 있어 우울증이란 심각하면 심각할수록 해롭기 마련입니다. 그것은 사고에만 영향을 주는 것이 아니라 신체에까지 심각한 영향을 끼칩니다. 어른들이야 우울해지면 우울하다고 말도 할 것이고 일상의 삶을 조금 느슨하게 할 수도 있을 것입니다.

그러나 청소년들은 그들의 우울함을 감추기에 급급합니다. 그러한 점이 바로 그들의 부모들이 자녀를 아무런 의심 없이 바라보게 되는 동기가 됩니다.

청소년들은 그렇게 자기감정을 감추면서 사람들과 같이 있을 때는 항상 웃고 즐거운 것처럼 보입니다. 그러나 혼자가 되었을 때 그들은 본래의 자기로 돌아가 형언할 수 없는 슬픔과 비참함 속에 빠집니다. 그러나 또 사람이 곁에 있을 때는 행복한 모습으로 가장을 해버립니다.

이런 청소년들의 우울증을 빨리 감지할 수 있는 가장 좋은 방법은 우울증의 다양한 증상을 이해하고, 어떻게 그 증상들이 깊어지는지 보는 것입니다. 가장 중요한 것은 우울증의 전체적인 것을 알아보아야 합니다.

예를 들면, 청소년들도 슬픔, 혼돈, 절망, 졸음, 식욕부진, 나른함, 무가치함 등을 느낍니다. 그러면 청소년들이 느끼는 몇 가지 우울증에 대해 구체적으로 살펴보겠습니다.

- 집중을 잘하지 못한다. 어떤 일에 마음을 쓰지 못하고 이리저리 방황을 한다. 특히 학교생활이나 숙제를 하는 데에 그런 일이 두드러진다. 어떤 아이들은 학교가 감옥과 같다고 한다. 공부가 잘 안 된다며 학교를 그만두고 싶어 한다.
- 공상을 한다. 우울증이 심해질수록 점점 더 공상에 빠지게 된다.
- 학교성적이 점점 하락한다. 자꾸만 집중력이 떨어지고 공상을 많이 하게 되므로 자연히 그럴 수밖에 없다. 이럴 때 부모는 자녀가 공부에 게으름을 피운다고만 생각하게 된다. 그러나 정말 문제가 되는 것은 우울증이다.
- 싫증을 잘 낸다. 점점 우울증이 심해지면 쉽게 지루해한다. 물론 아이들에게 있어서 싫증을 빨리 내는 것은 종종 있는 일이다. 하지만 너무 자주 나타나면 이것도 심각한 문제이다.
- 속으로 움츠러든다. 우울증이 심하면 신체적인 고통을 수반한다. 부모와 친구에게조차 움츠러들기 시작한다. 그런 아이들은 약물이나 술에 빠지기도 하고 때로는 자살도 시도한다.

　최근 들어 많은 청소년의 우울증이 표면화되고 있으므로 청소년들에게는 내부로 축적된 압박감을 해소시킬 수 있는 것이 필요합니다. 부모는 자녀들에게 좀 더 많은 관심을 기울여, 같이 시간을 보내거나 대화를 나눔으로써 우울증을 없애는 데 도움을 줄 수가 있습니다. 또한 충분히 수면을 취하게 하고 영양이 풍부한 음식을 섭취하게 신경을 쓰면 굉장한 효과를 거두게 될 것입니다. 만약 그래도 우울증이 심해진다면 전문적인 카운슬러나 전문 의사에게 상담하는 것이 현명합니다. 하지만 그보다 더 중요한 것은 문제가 심각해지기 전에 자녀들의 우울증을 발견하는 일입니다.

십 대에 필요한 진실한 사랑

십 대의 자녀를 지도하는 일은 복잡한 모험인 동시에 오늘날 대부분의 부모가 안고 있는 매우 어려운 과제입니다.

십 대의 자살은 기하급수적으로 증가하여 이제는 14세~20세 인구의 주된 사망 원인이 되고 있습니다. 통계상으로 볼 때 습관성 약물의 남용, 미성년자의 범죄, 십 대의 임신, 성병 그리고 절망감 등의 문제들 또한 증가하고 있습니다.

무엇이 잘못되었을까? 문제의 근원은 대개 십 대 자녀들과 관계를 갖는 방법에 있어 균형 잡힌 안목을 갖지 못한 부모에게 있다고 볼 수 있습니다. 대부분의 부모들은 사춘기가 무엇이고 자녀들로부터 무엇을 기대해야 하는지에 관하여 왜곡된 생각을 갖고 있습니다. 대부분의 부모들은 자녀들이 진실로 부모의 사랑을 받고 있다고 느낄 수 있는 사랑을 전달하는 방법을 모르고 있습니다.

하지만 진실로 원한다면 십 대 자녀들이 필요로 하는 것을 주는 방법을 배울 수 있습니다. 『아이를 진실로 사랑하는 방법 (How to Really Love Your Child)』이란 책에는 십 대 자녀들의 요구가 어린 아이들의 요구보다 더 복잡하다는 것과 함께 그들만의 세상 정보를 눈여겨볼 수 있습니다.

즉, 이 책에 담겨 있는 아이디어들을 견고하고 균형 있는 방법으로 십 대 자녀에게 적용할 때, 자녀를 진실로 사랑하게 될 수 있을 것이며 성취 방법도 발견할 수 있을 것입니다.

십 대들은 전환기에 있습니다. 그들은 젊은 성인들이 아닙니다. 그들의 요구는 그들의 감정적 요구를 포함하여 어린아이들의 요구와 다를 바가 없습니다. 부모, 교사 및 그 외의 사람들이 가장 공통적으로 저지르는 잘못 중의 하나는 사춘기 아이들을 젊은 성인으로 간주한다는 것입니다. 관련된 많은 학자나 전문가들조차 십 대들의 어린애같이 원하는 사랑의 감정에 대한 요구나 수용, 보살핌을 받고 있다는 감정, 어떤 사람이 그들을 진실로 돌보아주고 있다는 감정에 대한 요구를 알지 못하고 있습니다.

오늘날 너무나 많은 십 대는 그들을 진실로 돌보아주는 사람이 아무도 없다고 느낍니다. 결과적으로 상당수의 십 대들은 가치관과 희망을 갖지 못하고 무력감과 열등감 그리고 자기비하 등의 감정을 갖습니다.

왜 그럴까? 그것은 매우 많은 십 대들이 자기 자신을 쓸모없고 무가치한 존재로, 즉 부정적 방향으로 보고 있기 때문입니다. 그러한 자아 관념은 진실한 사랑과 보살핌을 느끼지 못하는 일부 아이들에게 당연한 결과입니다.

이러한 생각이 가져오는 가장 놀랄 만한 두 가지 결과는 우울증과 권위에 대한 반항적인 태도입니다. 십 대들은 자신들의 여러 목적에 악용하는 비양심적인 어른들의 착취 대상이 될 수 있습니다. 또한 대답을 쉽게 하고 불가능한 약속을 선뜻 해주는 권위주의적인 집단들에 의하여 영향을 받기 쉽습니다. 하지만 십 대들이 건강하고 활동적이며 생산적이고 창조적인 태도를 갖게 하는 여러 가지 방법이 있습니다.

오늘날 부모가 십 대 자녀들을 양육한다는 것은 어려운 일입니다. 그 주요한 이유 중 하나는 십 대 아이들은 대부분의 시간을 가족 이외의 다른 사람들(교사들, 또래 친구들과 이웃 사람들, 그리고 TV의 연예인 등)의 지배와 영향 아래서 보내는 데에 있습니다.

많은 사람은 부모로서 자신의 직분을 얼마나 잘 하는가에는 관계없이 십 대 자녀들에 대한 자신들의 노력의 결과가 작다고 느낍니다.

그러나 오히려 정반대입니다. 십 대 자녀들이 얼마나 안전하며 행복하고 안정적일 수 있는가, 그들이 성인 및 또래 친구들과 어떻게 관계를 맺는가, 그들이 어떻게 스스로의 마음속에 자신감을 갖는가, 그리고 새로운 혹은 낯선 상황에 어떻게 반응하는가를 결정하는 데 있어, '가정'이라는 곳은 어떤 다른 요소보다 강력한 영향력을 행사합니다. 십 대 자녀들이 삶에서 겪는 많은 정신적인 문제와는 관계없이 그들의 가정은 십 대의 삶에 가장 깊은 영향을 미칩니다. 이는 아주 다행한 일이라고 할 수 있습니다.

십 대 자녀들은 그들의 부모에 비하여 더 크고, 더 똑똑하며, 더 강인하고, 그 밖에 다른 분야에서 우월할 수 있습니다. 그러나 십 대는 감정적으로는 아직 어린아이입니다. 십 대는 부모로부터 사랑받고 있고 수용 받고 있다는 느낌을 계속 가질 필요가 있습니다. 만일 십 대의 자녀가 그의 부모로부터 사랑과 수용을 받지 못한다고 느낀다면, 그는 최고가 될 수도, 최선을 다할 수도 없을 것이기 때문입니다.

부모는 그들의 십 대 자녀에게 깊은 사랑의 느낌을 가지고 그것을 충분히 잘 전달하도록 노력해야 합니다. 그래야 소수의 십 대라도 부모로부터 받아야 할 만큼의 사랑을 진실로 느낄 수 있을 것입니다.

자녀에 대한 분노 다스리는 법

"자녀의 인격을 모독하지 마라."

화나는 일은 어디서든 일어날 수 있기 때문에 분노를 다스리기 위해서 우리는 분노에 관하여 개방적이고 진지하게 받아들이는 자세를 취해야 합니다. 부모가 자녀에 대하여 화를 낸다고 해서 나쁜 부모라고 말할 수는 없습니다. 분노를 느끼는 데는 반드시 목표가 있기 때문입니다. 분노는 관심의 표현입니다. 어떤 순간에 화를 내지 않는다는 것은 무관심의 표현이지 사랑하기 때문이 아닙니다. 물론 이 말이 십 대들이 분노에 항거해도 좋다는 뜻은 아닙니다. 그들은 분노로부터 어떤 이익을 얻을 수 있기 때문입니다. 그러나 거기에는 한계가 있습니다.

부모의 입장에서 십 대 자녀와 화가 난 상태를 오래 지속하는 것은 좋지 않습니다. 속으로는 화가 나 있으면서 겉으로는 기분 좋은 척하는 일은 위선이지 친절이라고 할 수 없습니다. 짜증이 날 때에도 이를 감추려고만 할 것이 아니라 이를 효과적으로 표현할 수 있어야 합니다.

분노에 대한 억제는 오래 지속될 수 없습니다. 분노란 마치 심호흡과 같아서 무한정 지속될 수 없는 것이기 때문입니다. 조만간에 그것은 폭발하게 되어 있습니다. 화를 낼 줄 모른다면 정상적인 상태라고 할 수 없습니다. 화를 내지 아니하면 오히려 더욱 위험한 상태에 도달하게 됩니다. 따라서 때에 따라서는 화도 내고 욕도 할 수 있어야 합니다.

부모들은 남에게 해를 입히는 것은 주저하면서도 사랑하는 자녀에게는 화를 잘 냅니다. 그런 다음 화가 풀렸을 때는 죄책감을 느끼며 화를 내지 않겠다고 결심합니다. 그러다가도 또 화가 나면 사랑으로 헌신했던 자녀들에게 폭언을 합니다.

그러면 화가 치밀 때는 어떻게 해야 할까?

화가 날 때는 무조건 이를 억누르려 하지 말고 건설적인 방법으로 표현할 수 있어야 합니다. 단, 분노의 표현이 부모에게는 안도감을 주어야 하고, 자녀에게는 통찰력을 길러주어야 하며, 양자 모두에게 후유증을 남기지 않는 방법이어야 합니다.

분노를 밖으로 표현할 때는 원한을 푼다든가 보복을 하려는 생각은 의식적으로 피해야 합니다. 화가 날 때에는 대상물을 찾으려 하는 것이니 그 순간을 잘 넘겨야 합니다.

부모는 십 대의 자녀가 모든 일에 대하여 자신을 불안하게 하고, 귀찮게 하고, 초조하게 하고, 화나게 하고, 분노하게 한다는 사실을 인정해야 합니다. 그러나 그러한 특이한 감정에 대하여 죄책감이나 후회, 수치를 느끼지 않도록 해야 합니다. 부모는 감정을 표현하는 데 있어서 한 가지 제한을 두어야 합니다. 즉, 비록 화가 나는 일이 있다고 하더라도 십 대들의 인격이나 개성을 모독하는 일은 없어야 합니다.

화가 치밀었을 때 이를 어떻게 처리할 것인가에 대하여 좀 더 구체적으로 말한다면, 화를 낼 때에는 무엇보다도 먼저 부모와 자녀 모두에게 어떤 결과가 올 것인가를 분명히 계산해 봐야만 합니다. 화가 났을 때의 행동은 결코 유익한 결과를 낳지 못하기 때문이지요. 십 대들이 성가신 행동을 계속 한다면 부모는 어떻게 해야 할까? 만일 간단한 충고나 불쾌한 표정을 나타냈음에도 불구하고 자녀가 그런 행동을 계속 한다면 부모는 자신의 감정을 큰 소리로 강력하게 표현합니다.

"더 이상 나를 화나게 하지 마."

이런 표현은 어느 정도 감정을 누그러뜨리고 어느 정도 해결책이 되기 때문입니다. 십 대의 자녀에게 부모의 관용에도 한계가 있다는 것을 보여주며 이따금 강력한 경고를 하는 것도 필요합니다.

화 잘 내는 아이 다루는 방법

개인차가 있기는 하지만 두세 살의 유아는 자주 화를 내고 노여워합니다. 유아는 자신의 요구를 거절당하거나 강요당했을 때, 부모로부터 행동의 제한을 받았을 때, 혹은 또래나 형제자매와의 다툼에서, 자신의 무능력을 지각하게 될 때 분노를 표출합니다. 또한 유아의 분노는 생리적 상태와도 밀접한 관련이 있어서 건강상태가 나쁘거나 배가 고플 때 혹은 잠이 올 때도 화를 냅니다. 일반적으로 이 시기의 유아를 둔 부모의 중요한 과업 중의 하나는 유아로 하여금 분노를 표현하고 그것을 통제하는 방법을 가르치는 일입니다. 유아는 부모의 행동을 관찰함으로써 분노의 표현 방법을 학습하며, 부모의 훈육에 의해 분노의 통제를 학습합니다. 따라서 가장 중요한 것은 부모의 행동입니다. 부모의 직적접인 가르침에 의해서라기보다는 부모의 행동을 관찰하고 모방하는 과정을 통하여 유아는 더 많은 것을 학습합니다.

화를 잘 내는 부모의 자녀는 화를 잘 내는 아이로 성장할 가능성이 큽니다. 또 유아가 울고 떼를 쓰면 무조건 유아의 요구를 들어주는 부모에게서 양육된 유아는 습관적으로 화를 내는 경향이 있으며, 화내는 것을 문제해결의 방편으로 사용하기도 합니다. 부모는 자녀의 거울이며, 부모의 일거수일투족은 그대로 자녀 행동의 모델이 되기 때문에 부모 역할은 어렵습니다. 분노를 통제한다고 해서 무조건 분노를 표현하지 못하게 해서는 안 됩니다. 분노를 표현하도록 허용하면서 동시에 통제를 잃지 않도록 가르치는 것이 중요합니다.

화난 느낌을 말로 표현하게 함으로써 감정적이 되지 않도록 유도하고, 화가 난 유아의 기분 상태를 어머니가 이해해 줌으로써 위로받을 수 있게 합니다. 화를 내는 것도 습관적인 행동이므로 한번 화를

내기 시작하면 반복될 가능성이 크므로, 유아가 화를 낼 수 있는 상황을 원초적으로 만들지 않도록 하는 것이 바람직합니다.

인간은 어떤 방식으로 양육하느냐에 따라 어떤 유형의 인간이 될 것인가가 결정됩니다. 버코위츠가 제시한 유아의 분노에 대처하는 효과적 전략을 소개하면 다음과 같습니다.

- 유아가 표현하는 공격성을 무시한다.
- 분노가 어느 정도 가라앉을 때까지 잠시 앉혀둔다.
- 희생자에 대한 감정을 설명해 준다.
- 공격 행위의 결과를 설명해 준다.
- 유아가 분노를 일으킨 최초의 상황을 설명해 준다.

엄부자모의 지혜

가정에서 부모가 자녀를 지도하는 태도를 크게 두 가지로 나누어 생각할 수 있습니다.

하나는 자녀에게 무엇을 하지 말라고 하는 일입니다.

"그러면 못쓴다.", "그러지 말라고 했는데 몇 번이나 말해야 알겠니?" 이런 식의 표현은 자녀의 행동을 제한하고 규제하는 일입니다.

부모가 자녀를 지도하는 데 있어 해야 할 역할 중 하나는 격려입니다. 무엇을 하지 말라고 하기보다는 무엇을 해보라고 권장해야 합니다.

이 두 가지의 역할은 모두 필요합니다. 자녀의 행동을 억제하고 규제하는 것만이 자녀 지도의 전부라고 할 수는 없기 때문입니다. 그렇다고 아무런 규제를 하지 않고 격려만 하는 것이 최선의 방법이라고 할 수도 없습니다.

여기에서 자녀 지도에 있어서 규제할 것은 엄하게 규제하고 또 격려 해주어야 할 것은 격려해 준다는 평범한 지도의 원리를 확인하게 됩니다. 이와 같은 지도의 원리는 우리의 전통적인 가정교육에서도 찾을 수 있습니다. 그것은 엄부자모(嚴父慈母)라는 말로 집약되는 지도의 원리입니다. 엄부자모란 문자 그대로 아버지는 엄히 다스리고 어머니는 자애롭게 감싸주는 지도 방식을 의미합니다.

이것을 오늘의 가정에 비추어 해석할 때, 꼭 아버지는 반드시 엄해야 하고 어머니는 자애로워야 한다고 규정할 필요는 없습니다. 경우에 따라서는 그 반대도 있을 수 있습니다. 다만 중요한 것은 어느 한 편으로만 치우치지 말아야 한다는 것입니다. 한 인격체가 제대로 성숙하기 위해서는 엄한 규제도 받아야 하고 또 자애로운 격려도 필요하다는 의미입니다.

교육심리학 분야에서 이루어진 연구결과에 따르면, 엄한 면에만 치우치면 자녀가 부모로부터 받아야 할 애정의 결핍을 느끼게 되어 성격이 거칠어지고 공격적인 성품이 될 가능성이 있다고 합니다. 반면, 감싸주기만 할 경우 이른바 과잉보호가 되어서 의존적이며 무기력한 인간이 될 가능성이 있다고 합니다.

이렇게 보면 우리의 전통적인 엄부자모의 교육은 대단히 지혜로운 자녀지도 방법임을 재인식하게 됩니다. 오늘날의 가정에서 부모가 수

행해야 할 역할은 엄하게 규제하는 일과 동시에 자애롭게 격려하는 일을 조화롭게 병행하는 것입니다. 그러한 역할을 부모가 어떻게 분담하느냐 하는 것은 그렇게 중요하지 않습니다.

유아기의 중요성

인간은 평생을 통해 성장, 발달합니다. 그러한 발달과정 중, 태어나서 대여섯 살까지의 단계가 한 인간이 살아가는 데 있어서 가장 중대하고 심각한 영향을 미친다는 사실은 여러 연구에서 밝혀지고 있습니다.

유아기는 인간 발달의 결정적인 시기입니다. 노벨문학상을 수상한 로렌츠라는 동물행동학자는 우연히 거위가 부화하는 둥지를 지나치다 알껍데기를 깨고 나온 거위새끼가 엄마거위를 따라다니는 것이 아니라, 이 연구자의 뒤를 계속 따라다니는 것을 발견하였습니다. 여기서 그는 거위나 오리 같은 가금류 등은 태어난 직후 눈앞에서 움직이는 물체를 어미로 머릿속에 새겨둔다는 사실을 알게 되었습니다.

이러한 현상을 '각인' 현상이라고 하는데 인간에게도 이처럼 결정적인 발달이 유아기에 일어난다고 합니다. 대부분 부모가 그 대상이 되는데, 아기가 태어나 인간에 대한 기본적인 신뢰감이 형성되는 시기는 생후 6주에서 6개월까지라고 합니다. 이 기간에 부모로부터 받는 사랑과 보호를 통해 부모에 대한 깊은 신뢰감이 생기는데 이러한 감정은 다른 사람들과의 관계에도 깊은 영향을 미치게 됩니다. 이 시기에 부모와의 기본 신뢰감을 형성하지 못한 아기는 다른 사람과의 관계에도 불신감을 갖게 된다고 합니다.

아기는 엄마가 자신 가까이에서 불안하고 불만족스럽던 모든 일들을 해결해줌으로써 만족감과 안정감을 준다는 사실을 알게 됩니다. 낯가림이 시작되면서 말을 시작하기 전까지는 이러한 신뢰감을 바탕으로 정서적 안정과 독립심이 발달되는 결정적인 시기입니다. 이때 충분한 사랑과 보호가 필요하나, 자발적 발달의 욕구를 저해할 정도의 지나친 욕구 충족이나 과잉보호는 의존적이고 항상 불만족스럽고 불안한 마음을 갖도록 할 수 있습니다.

유아기는 인간 발달의 기초가 되는 시기이기 때문에 중요합니다. 모래 위에 지은 집과 반석 위에 지은 집에는 큰 차이가 있습니다. 유아는 부모와의 강한 애착을 바탕으로 모든 배움이 가능합니다. 건강한 신체가 만들어져야 명랑하고 씩씩하게 뛰어놀 수 있습니다. 안정된 정서가 발달되어야 미래에 직면하게 될 어려운 일들에 잘 대처해 나갈 수 있습니다.

제한된 인간관계를 제공하기 쉬운 가정이라는 사회 속에서의 인간관계가 평등하고 상호 작용을 하는 관계일 때, 보다 큰 사회에 잘 적응합니다. 지적인 호기심을 유발시키고 생각하는 기회를 많이 가지도록 하는 분위기에서 자란 유아가 정상적인 인지 발달을 이룰 것입니다.

유아기의 발달은 불가역적이며 그 결과가 누적되기 때문에 중요합니다. 각 연령별 발달 단계마다 그 단계에 꼭 필요한 발달과제가 있는

데 그때를 한 번 놓치면 다시는 돌이킬 수 없을 뿐 아니라, 그 결과 다음에 오는 새로운 발달에도 지장을 줍니다. 걷고 서는 것도 때가 있고, 읽고 쓰는 것도 배우는 때가 있어 그 때에 따라 배우면 쉽습니다.

서너 살 아이들이 말을 배우는 것은 너무도 쉬운 일이나, 성인이되어서 읽고 쓰는 일을 배우는 일은 몇 배의 시간과 노력이 듭니다. 즉, '빈익빈 부익부'의 효과는 발달의 과정에서도 나타납니다. 태내에서 또는 어려서의 영양실조는 신체발달은 물론 두뇌발달에도 심각한 영향을 미칩니다. 커서 아무리 좋은 영양을 공급하여도 아무 소용이없게 됩니다.

신체적·정신적 발달을 위한 충분한 준비가 되어 있어야만 발달을위한 자극을 받아들일 수 있고 발달이 가속될 수 있습니다. 손가락 근육이 발달해 있어야 글을 배우고 쓸 수 있을 것이며, 보고, 듣고, 만지고, 느끼는 감각기관이 잘 발달되어 있어야 감각기관을 통해 들어온 정확한 정보를 두뇌 속으로 넣어 처리를 할 수 있습니다.

자녀가 어릴 때일수록 가정 또한 할 일이 많고 안정되지 않은 경우가 많습니다. 하지만 이때 아무리 중요한 일이 많더라도 가장 중요하게 생각하고 해야 할 일은 자녀의 초석을 굳건히 만들어주는 일입니다.

요즘 신세대 부모들은 자녀를 큰 축복이라기보다 큰 짐으로 여기는 경향이 있는 것 같습니다. 자리가 잡힌 다음에 주는 큰 물질적 풍요보다는 지금 이 순간에 한 번 더 꼭 안아주고 관심 있게 보아주는 일이 중요함을 잊지 말아야 할 것입니다.

음악은 성품교육의 훌륭한 교사이다

음악교육은 우선 듣는 것부터 시작합니다. 좋은 음악으로 태교를 하라는 말도 있듯이 좋은 음악을 들려줄 때 울음을 그치는 갓난아기들도 심심치 않게 있습니다. 따라서 자녀들에게 다양한 들을 거리를 제공하는 것이 중요합니다. 아이들에게 들려줄 만한 음악은 무궁무진합니다. 이때 전통적으로 어린이용으로 되어 있는 음악만 들려줄 필요는 없습니다. 고전 음악도 좋지만 부모가 좋아하는 재즈, 오페라, 대중가요 등 장르에 상관없이 들려주어도 무방합니다. 부모가 음악을 들으며 느끼는 흥을 아이들도 모르는 사이에 닮게 됩니다.

아이들에게 음악을 들으라고 강요할 필요는 없고 그래서도 안 됩

니다. 당장은 관심이 없어 보여도 나중에 다 그것이 음악적 바탕이 되기 때문에 그냥 들려주면 됩니다.

아이들 음악교육에 있어 또 하나 좋은 방법은 음악에 맞춰 춤을 춰보는 것입니다. 춤이라고 꼭 춤의 격식을 따를 필요는 없습니다. 활동에 불편을 주는 가구 등을 옆으로 살짝 밀어 공간을 확보한 후 음악을 듣고 느껴지는 대로 몸을 움직여주면 됩니다. 왈츠 음악에 맞춰 갓난아기를 안고 흔들어만 줘도 좋습니다.

아이들이 가장 먼저 연주할 수 있는 악기는 바로 자신의 성대입니다. 아이들은 노래하기를 좋아하므로 차 안에서, 잠들기 전에, 아이가 어질러 놓은 장난감을 치우면서 자주 함께 노래하면 아주 좋아합니다. 이때 손짓까지 곁들이면 더 재미있어 합니다.

노래 부르기는 재미있을 뿐만 아니라 아이의 어휘력 및 언어능력도 향상시키며 단체 활동에 참여하는 훈련까지도 겸합니다. 함께 노래하는 부모의 목소리가 곱지 않다고 걱정할 필요는 없습니다. 부모가 음치라 아이도 음치가 될까 봐 걱정할 필요도 없습니다.

찬장 속의 냄비나 프라이팬을 꺼내 두드리며 노는 아이들도 많습니다. 부모가 사준 값싼 리듬악기 등으로 시끄럽게 놀 때, 좋아하는 노래를 틀어주거나 부모가 함께 다른 악기라도 연주해 주면 더 좋습니다. 집에 있는 피아노 건반을 아무리 마구 두드려도 내버려 두세요. 그림이나 글자공부 시작을 낙서같이 휘갈기기부터 시작하듯 음악을 만들려는 노력도 처음에는 그렇게 시작하는 것입니다. 피아노는 아이들이 쾅쾅 내리치거나 밟아도 견딜 정도로 튼튼히 만들어진 악기입니다.

7

아버지의 양육 태도가
자녀의 성품을 가른다

　　아버지의 양육 태도가 자녀의 성품에 중요한 역할을 한다는 연구 결과가 나왔습니다. 에모리 대학의 심리학자 존 스내리 교수는

　　"아버지가 자녀교육에 깊숙이 관여하고 자녀와 밀접하게 생활하면 엄청난 이득이 있다는 사실을 발견했다."라고 말합니다. 이 연구에 의하면 특히 아버지가 비전통적인 영역에서 자녀를 교육할 경우, 그 이점은 두드러진다고 합니다.

　　스내리 교수와 동료인 조셉 플렉, 안토니 마이어 씨는 248명의 중산층 남자들을 대상으로 이들이 결혼해서 50대 중반이 될 때까지 자녀교육 및 양육에의 관여도, 직장근무 과정 및 승진, 자녀의 학업성취도 및 직업적 성공을 조사하였습니다.

그 결과, 자녀 중 성공도가 높은 여성들은 십 대 때 정서적인 면에서 아버지와 가까웠고, 아버지로부터 신체적 훈련을 많이 받았습니다. 즉 운전교습, 태권도, 캠핑 등을 아버지와 함께 하거나, 배우도록 권장받았습니다. 자녀 중 성공도가 높은 남성들 뒤에는 그들의 유아기 때 요람을 흔들어주거나 안아주는 등 여성적인 태도를 보인 아버지가 있었습니다. 이들이 십 대 때도 아버지는 정감 있게 자녀들을 다루었습니다.

딸과 운동하면서 그들의 아버지는 자립심과 독창력 등을 교육했습니다. 좀 더 과격한 아버지는 딸들에게 어떻게 남성 주도의 사회에서 경쟁에 지지 않고 이기는가 등도 가르쳤습니다. 스내리 교수는 또 어렸을 때 아버지로부터 모성적 보호를 받았던 남자아이들은 남다른 안정감과 마음 든든함을 느낀다고 분석했습니다. 이 연구에서 밝혀진 가장 놀라운 사실은 아버지가 자녀교육에 깊숙이 관여해도 직장에서의 업무수행에 아무런 차질이 없었다는 것입니다.

자녀의 리더십 배양 비결

리더십이 있는 아이는 정신이 굳건하고 독립적으로 판단합니다. 친구들의 눈치를 살피지 않으며 자신의 판단에 따라 행동합니다. 리더십이 있는 아이는 자기 확신에 차 있고 어른이나 또래들을 똑같이 존중합니다. 장난감도 기꺼이 친구들과 같이 나누고 유머도 있으며 의욕과 호기심이 대단합니다. 무슨 일이든 제일 먼저 시작합니다. 그러나 무엇보다도 다른 아이들과 확실히 구분되는 점은, 리더십이 있는 아이는 무엇이든 열심히 한다는 것입니다.

장래 성공을 보장하는 리더십이 천부적이라기보다 훈련에 의해 개발될 수 있다는 사실은, 공부는 잘하나 소심하고 비사교적인 자녀를 둔 부모에게 희망을 안겨줍니다. 최근 더서당인문학연구소에서는 '자녀의 리더십을 키우는 7가지 방법'을 다음과 같이 소개하고 있습니다.

1. 부추겨줘라.

사소한 일이라도 칭찬해 준다. 비판을 해야 할 경우라면 칭찬할 점과 함께 다음에는 이렇게 하라는 식으로 지침을 준다.

2. 추구하도록 내버려둬라.

어른도 마찬가지지만, 아이들은 뭔가를 진지하게 추구하고 도전하는 사람을 동경하고 따른다. 어른들은 너무나 자주 아이들에게 안전하게만 놀라고 한다.

3. 성공을 머릿속에 그리게 하라.

"실수하면 어떡하지?" 이 한마디는 실망스런 인생을 살게 하는 근원이다. 성공을 위해 전력을 다하기보다 실패를 피하는 데만 전전긍긍하는 것이다. 성공을 굳게 믿는 사람은 다른 사람도 고무시킨다.

4. 아이의 꿈을 들어줘라.

여자아이가 장래 권투선수가 되겠다고 말하더라도 비난하지 마라. 무엇이든 꿈꾸는 능력과, 어떻게 하면 이 꿈을 실현시킬 수 있는지를 생각하는 것이 중요하다.

5. 어떻게 문제를 풀겠는지를 생각하게 한다.

어려운 문제에 부딪혔을 때 '안 된다'고 말하기보다 항상 가능성을 생각하도록 하게 한다. 가능성을 생각하는 것은 지도자의 뚜렷한 특징이다.

6. 기회를 줘라

리더십은 연습에 의해 날카롭게 다듬어져야 한다. 학교 클럽이나 운동 팀에 가입시키는 방법도 좋다. 운동 팀의 주장은 리더십을 발휘할 기회를 많이 갖게 된다. 리더십을 발휘할 기회를 줘야 한다.

7. 주위를 즐겁게 하는 사람이 되게 하라.

뛰어난 경영자는 부하 직원에게 친밀하게 인사 한마디를 건네는 것만으로도 지지를 얻는다. 마찬가지로 자신의 그룹뿐 아니라 주변 사람들도 기쁘게 하는 아이는 지도자로 부상할 잠재력이 크다.

또 이를 위해 여러 사람 앞에서 말하는 실제적 방법도 미리 연습시키고 지도한다.

이 밖에 세상살이의 규칙을 존중하고 어려운 일이 닥치더라도 힘을 낼 수 있게 하고, 자신이 하는 일에 책임을 갖도록 합니다.

이상 위의 방법보다 더욱 중요한 것은 부모가 모범을 보이는 것입니다. 부모가 자녀에게 쏟는 사랑과 관심은 리더십의 근원인 강한 마음과 자신감으로 되돌아옵니다.

근면성을 조기교육하라

8~13세까지의 초등학교 시기 아이들은 언어능력의 발달과 함께 학습에 필요한 개념들을 습득합니다. 또한 읽기, 쓰기, 셈하기 등의 기술을 학습하는 동시에 도덕성과 양심을 발달시킵니다. 유치 시기와는 달리 자기통제가 가능하고, 자기의 역할이 무엇인가를 인식하기 시작하며, 일생 동안 한 개인이 갖게 되는 일에 대한 기본 태도를 확립합니다. 초등학생의 가장 두드러진 특성은 대단히 부지런하고 활동적이라는 것입니다. 이는 다양한 기술을 열심히 학습하고 개인적 표준에 따라 학습한 기술을 평가합니다. 성공적으로 기술을 학습해 성인들의 능력에 가까워진 아이는 근면성을 학습하는 반면, 기술 숙달

에 실패한 아이는 열등감을 경험하게 됩니다.

이 시기의 아이들이 기술 발달을 촉진시키고 근면성을 획득할 수 있도록 하기 위해서는 주위 성인의 도움이 필요합니다. 부모는 가정 내에서 아이가 제 나름대로 어떤 일을 열심히 하고 있을 때, 간섭이나 비난을 하지 말아야 합니다. 아무리 바쁜 일이 있다고 할지라도 인내심을 가지고 기다리며 격려해 줄 수 있어야 마땅합니다. 두세 살 유아들이 실수로 팬티를 적셨을 때 부끄러워하는 것과 마찬가지로 아이는 자신의 실패를 부끄러워합니다. 아이의 조그만 실수에 대해서도 참지 못하고 비난하거나 자존심을 상하게 하면 아이는 근면성을 획득할 수 없게 되며 결국 열등감에 빠지게 되는 결과를 초래합니다.

초등학교 시기는 부모보다는 교사나 또래 집단에 의해 더 큰 영향을 받습니다. 아이는 교사의 관심 대상이 되고 교사의 인정을 받고자 원하기 때문에 교사의 관심이나 칭찬은 아이의 기술 획득에 큰 영향을 줄 수 있습니다. 행동수정기법에 의하면 아이의 바람직하지 못한 행동을 수정하려면 바람직한 행동을 찾아서 격려하고 칭찬하는 반면, 바람직하지 못한 행동은 벌을 가할 것이 아니라 오히려 무관심한 것이 더 효과적이라고 합니다. 따라서 근면성의 확립을 촉진시키기 위해서는 아이의 조그만 노력이나 성공을 칭찬해 주는 것이 가장 효과적입니다. 아이에 대한 무조건적인 사랑과 긍정적 기대, 애정 어린 관심을 가진 교사만이 아이의 근면성을 육성할 수 있습니다.

또한 또래들의 격려나 칭찬 혹은 비난은 교사의 반응만큼 중요합니다. 이 시기의 아이는 부모의 가치보다도 또래들의 가치에 일치하고, 또래들로부터 인정받기를 원하기 때문입니다. 그러나 같은 또래의 친구들보다 자신이 우수하지 못하다고 생각되거나 비교되는 상황에 처하게 되면 오히려 열등감을 경험할 수도 있습니다. 어떤 아이는 친구들보다 더 우수하지 못할 것을 두려워하여 새로운 활동을 시도하려고 하지 않는 경우도 있습니다. 또래 집단과의 비교는 물론 형제, 자매간의 비교에 의해서도 열등감은 싹틀 수 있습니다.

부모나 성인의 무책임한 언어는 아이를 좌절시키고 반항심을 자극하며 모든 활동으로부터 위축되도록 합니다. 무심코 사용하는 성인의 말이 아이의 가슴에 심리적 상처를 남기고, 잘 자랄 수 있는 싹을 자라기도 전에 꺾어버리는 결과를 가져올 수 있다는 사실을 명심해야 합니다. 그러나 사람은 누구나 모든 영역에서 성공할 수는 없으므로 초등학교 시기 동안 아이는 숙달 불가능한 기술도 있을 수 있다는 것을 학습하여야만 합니다. 일에 대한 긍정적인 태도를 지니고, 새로운 도전을 고무적으로 받아들이는 아이조차도 스스로 숙달할 수는 없다는 것을 설명해 주는 한편, 잘할 수 있는 가능성이나 기술을 가지고 있음을 격려하고 보상함으로써 근면성을 획득할 수 있도록 도와주어야 합니다.

유태인의 자녀교육 성공은 개개인 아이들의 개성을 키워준다는 데 있습니다. '모든 것을 잘하는 사람이 되라'가 아니라, '한 가지에서 뛰어난 사람이 되라'는 것이 그들의 교육목표입니다.

자녀에게 가르쳐야 할 매너

타인에 대한 배려

부모는 자녀에게 '친절'에 대한 의미를 가르쳐야 합니다. 남을 위해서 작은 일이라도 좋은 일을 하고 다른 사람을 배려하는 행동을 하도록 가르쳐야 합니다. 장애인을 일반 사람과 다르다고 해서 말똥말똥 쳐다보거나 그것에 관한 화제를 자꾸 만든다거나 해서는 안 됩니다.

부모로서의 처신이 자녀의 본보기가 되어야 합니다. 사회적인 문제나 주변 문제를 해결해 나가는 부모의 행동을 자녀가 자라면서 그대로 닮기 때문입니다. 부모가 모든 일에 현명하게, 바람직하게, 그리고 멋있게 처신하면 자녀도 따라 배울 것입니다.

프라이버시에 관한 존중

부모라고 해서 자녀의 권리와 프라이버시를 무시해서는 안 됩니다. 자녀의 방에 불쑥 들어간다든지, 친구들끼리 주고받은 편지를 몰래 보거나 책상 서랍 등을 함부로 열고 뒤진다든지, 아이의 통화 내용을 유심히 듣고 참견하거나 할 때는 아이들이라도 무안해할 때가 있습니다. 그들의 프라이버시를 무시해서는 안 됩니다. 자녀의 프라이버시를 존중해주는 모습을 보이면 자녀 또한 타인의 프라이버시를 존중해주는 법을 자연스럽게 배웁니다.

타인의 물건, 남의 것에 대한 존중

남의 물건, 남의 것에 대한 존중은 인간의 기본 성격을 형성하는 중요한 요소 중의 하나입니다. 어떤 사람은 남에게 빌린 물건을 잘 돌려주지 않거나 때로는 망가뜨린 채 돌려줍니다.

책을 빌린다든가 주방기구를 빌린 경우, 또는 남의 차를 빌린 경우, 되돌려줄 때는 깨끗이 하는 등 세심한 신경을 쓰는 것을 자녀가 본다면 그들도 자라면서 남의 것을 소중하게 여길 것입니다.

어른에 대한 존경

친척이나 손님 또는 사업상 방문객이 찾아왔을 때, 자녀가 손윗사람의 방문을 무시하거나 아니면 소파에 누운 채로 나와 상관할 바 아니라는 시선으로 흘낏 보고 마는가. 어른에 대한 존중과 예의는 부모가 반드시 가르쳐야 할 것 중의 하나입니다. 손님이 방문했을 때는 먼저 손님에게 자녀를 소개해야 합니다.

"얘는 둘째딸이고 얘는 막내아들 OO예요." 하고 소개하면 자녀들은 웃으며 서로 인사를 교환하게 됩니다.

"안녕하세요? 저는 OO입니다." 이 두세 마디의 인사는 그들의 생애에 12초도 안 걸리며 그것은 그리 성가신 큰 문제도 아닙니다. 손윗사람을 존경하는 예의 범절을 몸에 배게 가르친다는 것은 그들의 생애에 '중요한 일' 임에 틀림없습니다.

대화를 많이 하자.

교육은 학교의 독점물이 아닙니다. 오히려 교육의 기반은 가정에 있습니다. 가정 내에서 영향력을 많이 가진 교육자는 아버지와 어머니입니다. 그러면 어떻게 교육하느냐가 문제인데 아이들과 많이 얘기를 나누는 것이 출발점입니다.

첫째, 자녀와 얘기할 수 있는 가장 좋은 기회는 우선 식사시간이므로 식탁교실을 위한 아이디어를 몇 가지 제시합니다.

• 식탁에 나오는 사람은 누구나 웃는 낯으로 나와 앉도록 한다.
• 모두가 '좋은 소식'을 한 가지씩 가지고 와서 식사 중에 얘기하게 하라. 학교, 동네, 직장, 가정에서 그날 보고 들은 경험 중 좋은

이야기, 재미있는 이야기, 웃기는 이야기 등을 한 가지씩 발표하게 한다.

- 식탁에서 자녀를 대할 때 부모는 오랜만에 온 반가운 손님을 대하듯 기쁜 낯으로 신나게 얘기하라.
- 대화를 시작하기 위하여 부모가 얘깃거리를 준비하라. 학교나 TV프로그램 얘기, 스포츠 등 자녀가 관심을 가질 만한 얘깃거리를 준비하여 이야기해 준다.
- 가족 이외의 사람(아이나 어른)을 식사에 초대하라. 그러면 얘깃거리가 새로워진다.
- 식사 분위기를 때때로 바꾸어보라. 이 경우 자녀로 하여금 식사 준비를 돕게 하여 자녀가 가정에서 중요함을 인식시킨다.
- 생일을 중요시 여기며 자녀의 친구를 초청하라.

둘째, 부모 자신이 흥미를 가지는 일이나 현재 진행 중인 일에 자녀를 적극적으로 참여시키는 것입니다.

- 음악을 틀어놓고 곡명, 작곡가, 연주자, 그 곡의 배경 등 아는 것을 설명하라.
- 독서를 좋아한다면 돌아앉아 혼자만 읽지만 마라. 가끔 내가 읽는 내용을 설명하며 좋은 기사(신문, 잡지)는 온 가족이 듣게 큰소리로 낭독하라.

- 우표, 접시, 사진 등의 수집을 좋아하면 자녀가 함께 도우며 애기를 나눌 좋은 기회입니다.
- 그 밖에 오락, 게임, 스포츠, 채소나 꽃 가꾸기, 공작 등 무슨 취미든 부모 자신에게 흥미 있는 것을 자녀에게 설명하며 함께 참가할 기회를 만들어라.

셋째, 가족의 날을 적어도 한 달에 한 번은 갖도록 계획합니다. 하루 저녁이라도 좋습니다. 마당에서 바비큐 파티, 야외 피크닉, 야구나 축구 경기관람, 배드민턴 등의 가벼운 운동, 외식, 가족 게임 등 얼마든지 좋은 방법이 있습니다. 자녀와 함께 미리 계획하고 어떠한 일이 있더라도 변경 없이 실천합니다. 이 가족의 날은 특별한 명절이나 생일을 계기로 계획할 수도 있습니다.

넷째, 가족여행을 떠납니다. 자녀와 함께 이야기와 정을 나눌 가장 좋은 기회가 됩니다. 이삼 일이라도 일 년에 한 번쯤은 함께 여행합니다. 여행 목적지, 방문할 곳 등은 함께 계획하는 것이 좋습니다. 왜냐하면 그 과정 자체가 목적이 되기 때문입니다.

대물애착증 아이, 사랑으로 품어라

밤이나 낮이나 곰 인형을 안고 다니는 아이는 대물애착 증상을 가졌다고 할 수 있습니다. 다시 말하면 아이가 사람에 대해 애착을 형성하지 못하고 곰 인형이라는 물건에 애착을 형성한 것입니다.

정상적인 영아는 출생 후 6개월에서 12개월 사이에 어머니에 대한 강한 애착을 형성합니다. 어머니는 영아의 주된 양육자로서 먹여주고, 입혀주며, 보호해 주기 때문에 영아는 어머니에게서 잠시도 떨어지지 않으려고 합니다. 어머니와 분리되면 영아는 불안해하고 울며 저항을 하게 됩니다. 영아의 이러한 행동은 어머니에 대한 애착 형성의 증거로써 간주됩니다.

만약 애착을 형성하는 결정적 시기에 어머니와의 신체적인 접촉이 부족하고 어머니로부터 충분한 애정을 받지 못한 유아는 사람에 대해 애착을 형성하지 못하고 유아와 빈번한 접촉을 갖게 되는 다른 대상물에 대해 애착을 보이게 됩니다. 애착은 음식을 먹여주고 입혀주는 것보다는, 어머니와의 부드러운 접촉을 통해서 형성되기 때문에 대물애착 증상은 어머니와의 신체 접촉 부족이 그 원인입니다.

아이에게 있어서 곰 인형은 어머니와 같은 존재이므로 무리하게 곰 인형을 빼앗거나, 아이를 곰 인형과 떼어놓으려는 생각은 하지 말아야 합니다. 아이는 곰 인형이 눈에 보이지 않으면 불안해하고 밤에 잠들기 어려우며, 강제로 빼앗거나 억지로 금지하면 심리적 충격을 받을 수도 있습니다.

이러한 대물애착 증상은 한국 아이보다는 서양 아이 사이에서 빈번하게 발견되고 있습니다. 유아를 안아주고 업어주는 우리의 양육방식은 어머니와 유아의 신체 접촉을 빈번하게 하지만, 우유로 양육되는 유아가 많은 서양의 양육방식은 업어주거나 안아주는 일이 많지 않으며, 일찍부터 유아용 침대에서 혼자 잠자게 함으로써 어머니와의 신체 접촉이 부족할 가능성이 큽니다. 그 결과 성장한 이후에도 인형이나 담요 등을 가지고 다니는 경우를 많이 발견할 수 있습니다.

가장 심각한 문제는 우유를 먹임으로써 어머니와 유아의 신체적 접촉이 감소된다는 것입니다. 불가피한 사정으로 우유를 먹이게 되더라도 신체 접촉이 부족하지 않도록 해야 합니다. 자주 안아주고, 목욕을 시킬 때에도 부드러운 손으로 쓰다듬듯이 문질러줌으로써 부족한 신체 접촉을 보충해 줄 수 있습니다.

다 큰 애가 곰 인형을 가지고 다닌다고 놀리거나 비웃으면 엄마에 대한 분노나 적개심만 커지며 엄마에 대한 애착과 사랑을 회복시키기 어렵습니다. 아이에게 지속적인 애정을 제공해 주고, 엄마와의 부드러운 접촉을 경험할 수 있도록 자주 포근하게 안아주도록 합니다. 부모의 따뜻한 애정을 충분하게 받고 있다고 느낄 때, 아이의 대물애착 증상은 점차적으로 약화될 것입니다.

사랑은 많은 문제를 예방한다

이 세상에 사는 사람이라면 누구나 꼭 섭취해야 할 정서적인 음식이 있습니다. 바로 사랑입니다. 어른은 사랑이 결핍되면 삶이 얼마나 불행하고 무료한가를 경험을 통해 잘 알고 있습니다.

어린아이를 사랑하는 것이 물론 응석받이로 버릇없이 키우는 것을 의미하지는 않습니다. 그러나 어린아이가 눈에 보이는 것은 뭐든지 다 사달라고 떼쓰는 것은 사랑에 굶주리고 있음을 표현하는 한 방법이며, 채워지지 않은 사랑을 대신할 만한 것을 찾아 헤매는 것임을 알아야 합니다.

돈을 벌어도 자꾸만 벌려고 하는 사람들이나 계속해서 애인을 바꾸는 사람들은 모두 그들이 어렸을 때 사랑을 충분히 받지 못했기 때문에 이 결핍된 사랑을 보상받기 위한 수단으로 그렇게 하는 것입니다. 남의 물건을 훔치거나 끊임없이 쓸데없는 말을 지껄이며 남을 괴롭히는 젊은이들도 마찬가지입니다.

사랑에 대한 굶주림은 요람에서부터 시작됩니다. 어린아이를 마냥 울도록 내버려두는 동안 그 아이는 부모에게 무시당한 것 같은 느낌을 갖고 속상해합니다. 버릇 고치는 방법에 대한 여러 이론 중 '습관화'에 대한 것이 있습니다. 때로는 어린아이가 울다가 지치도록 놔두는 것이 바람직하다는 이론입니다. 그러나 이것은 잘해 보겠다는 원래의 의도와는 달리 어린아이에게 "엄마 아빠가 날 사랑하지 않는구나, 나를 저버리는구나." 하는 생각을 품게 하는 경우가 많습니다.

어느 어머니가 의사에게 근심스럽게 물었습니다.

"우리 아기는 자야 할 시간에 자지 않고 그저 울기만 합니다."

아기를 진찰한 결과 아무 이상이 없는 것을 발견한 의사는 다음과 같이 말했습니다.

"아기가 신체적으로 배고픈 것이 아니라면 정서적으로 배가 고파서 그러는 것입니다. 아기에게 우유를 실컷 먹여보십시오. 그래도 울거든 꼭 껴안아주어야 할 겁니다. 어느 아기든지 포근한 사랑을 갈망하고 있으니까요. 어린 아기는 아직 말로는 표현할 수 없기 때문에 무엇을 원하고 무엇을 필요로 하는지를 울음으로써 표현한답니다."

"하지만 아기를 안아줄 시간이 아닌 걸요."

"아기는 시간을 볼 줄 모르지 않습니까? 아기는 부모가 자기를 어떻게 느끼는가를 정확히 알고 있답니다. 어렸을 때 이 사랑의 굶주림을 채워주지 않는다면 굶주림으로 인한 아픔이 계속 아기를 괴롭힐 것입니다. 결과적으로 아이는 받지 못한 사랑을 받으려고 심술궂어질지도 모르고, 동시에 다른 삶에 대해서 적대심을 갖게 될지도 모릅니다."

어린아이가 몇 살이든 충분한 사랑을 주는 제일 좋은 방법은 어린아이를 진정으로 사랑하는 것입니다. 부모가 아이를 사랑하고 있다는 것을 그 아이가 확실히 느낄 수 있게끔 하는 가장 좋은 방법은 속마음에서부터 우러나는 사랑을 하는 것입니다. 사랑하는 체하는 것은 금물입니다. 아이들은 그것을 꿰뚫어보듯이 알아챕니다.

"아빠, 말로만 사랑한다고 하지 마세요. 아빠, 눈으로 말해 주세요!"

Q 나쁜 친구들을 사귀며 아이가 반항적이에요!

열여섯 살 된 아들을 두고 있는데 사귀는 친구들 때문에 아주 걱정이 많습니다. 제 생각으로는 분명 질이 나쁜 친구들을 사귀고 있는 것 같은데 이 말을 하면 아들은 화를 내고 말을 들으려고도 하지 않아요. 그뿐만 아니라 머리 모양, 옷 모양도 달라지고 행동도 부정적이며 반항적입니다. 대화도 끊기고 충고를 하면 반항만 합니다. 어떻게 하면 좋을까요?

A 요사이 청소년들의 친구 문제는 가정의 불화 요인 중 하나가 되어가고 있는 것 같습니다. 제가 만나본 부모들도 자녀들의 부진한 학교생활, 늦은 귀가, 일진회 등 각종 불량단체의 가입으로 온갖 문제를 일으키는 것은 잘못된 친구관계를 원인으로 들고 있습니다. 부모의 걱정은 이런 친구들과의 교제를 막는 것인데 그것은 아주 힘든 일이라는 것입니다.

그러면 우리 부모들은 이 문제에 관하여 어떻게 하는 것이 좋을까?

첫째, 항상 자녀들과 대화를 하는 것이 가장 중요하다는 것을 강조하고 싶습니다. 대화 없이는 이런 문제를 해결하기가 어렵습니다. 만약 자녀와 대화가 단절되었다면 다시금 자녀와 대화를 시도해 봐야 합니다.

둘째, 부모가 어떠한 행동을 취하기 전에 지혜와 인내심을 가져야 합니다. 만일 부모가 자녀의 친구들을 헐뜯거나 달갑지 않게 대한다면 자녀들은 자연히 친구 편을 들게 되고, 자녀들의 친구들과도 유감을 갖게 됩니다. 이것은 순간적으로 부모나 어른을 가장 나쁜 반대편으로 만들어버리는 계기가 됩니다. 또한 모든 청소년, 특히 한국 청소년들이 지닌 정과 의리에 강한 자극을 주게 되는 것입니다.

셋째, 현명한 부모라면 자녀의 친구들에게 친절히 대하기 바랍니다. 이럴 경우 가장 좋은 방법으로는 친구들을 특별히 저녁식사에 초대해 보는 것입니다. 그들과 대화를 나누어 보면, 친구들에 관하여 자연스럽게 알 수 있습니다. 그들 부모의 이름, 전화번호, 주소 등을 미리 알아두면 문제가 터졌을 때 부모끼리 쉽게 연락할 수가 있습니다. 또한 자녀가 사귀고 있는 친구들의 이름, 취미, 싫어하고 좋아하는 것, 생각, 의견, 또는 그들이 안고 있는 개인적인 문제까지 알아두는 것이 좋습니다. 그러면 자녀가 사귀고 있는 친구들의 처지를 잘 파악할 수 있을 것입니다.

특히 부모가 기억해 두어야 할 것은 부모가 자녀의 친구를 진실로 이해하려 한다면 자녀가 부모님을 믿고 편안하게 생각하게 된다는 것입니다. 어쩌면 그럴 경우 자녀들은 과거에 그들이 저지른 잘못과 친구들이 가지고 있는 문제에 관하여 이야기하기 시작할지도 모릅니다. 만일 부모가 이런 신뢰감을 자녀로부터 얻게 된다면 자녀의 생각과 결정을 좀 더 좋은 방향으로 이끌 수 있을 것입니다. 이 믿음이야말로 우리가 다음 단계로 추진할 수 있는 원동력이 될 것입니다.

넷째, 자녀가 마음 문을 열고 부모를 조금씩 신뢰하게 된다면 서서히 자녀의 친구에 대해 이야기를 나누거나 충고나 견해를 조금씩 말해 보세요. 조용하고 부드러운 말씨로 친구에 대한 부모의 감정을 전합니다. 그리고 앞으로 자녀의 태도와 행동에 관해 용납할 수 있는 것과 용납할 수 없는 것에 관해서도 말해 주세요. 하지만 친구들을 헐뜯거나 부정적인 얘기보다는 먼저 긍정적인 면부터 말해야 합니다.

"내 생각에는 너의 친구들이 마음은 착한 것 같더구나. 그렇지만 공부를 열심히 안 해서 네가 공부를 못하게 되지 않을까 걱정이다. 이것은 다 너를 사랑하기 때문에 하는 말이란다."

마지막으로, 성장하는 자녀들에게 친구관계는 하나의 자라나는 과정으로서 여러 친구들이 필요하다는 것을 부모님이 이해했으면 합니다. 만일, 부모가 너무 많은 제약을 하면 자녀의 원만한 성장을 기대하기가 어려울 수 있습니다. 그러므로 인내와 이해심을 가지고 잘 보살핀다면 자녀는 성인이 된 뒤에도 균형 잡힌 어른으로 훌륭하게 성장할 수 있으리라 믿습니다.

 아이가 산만하고 집중력이 떨어져 걱정입니다.

초등학교 6학년 자녀를 둔 부모입니다. 아이가 매사에 산만하고 집중력이 떨어져 걱정입니다. 주위 사람들의 권유로 바둑이나 펜싱학원을 보내기도 해보았는데 별 효과가 없었어요. 주변에서는 청소년기의 특징일 수 있으니 너무 예민하게 반응하지 말고 더 관찰해 보고 기다려 보라고 합니다. 어릴 때 성품이 굳어지기 전에 도와주고 싶은데 방법이 없을까요?

집중력의 결여는 아이들만의 문제가 아닙니다. 현대는 성인들도 산만하기는 마찬가지입니다. 여럿이 모여 대화를 해도 자기 말을 하느라 들어주는 사람은 많지 않습니다. 집에 있어도 가만히 쉬질 못합니다. 텔레비전을 켜거나 컴퓨터나 휴대폰을 끼고 있어야 편하다고 합니다. 왜 그럴까? 감각을 제어하는 능력이 떨어지기 때문입니다. 자기조절 능력이 점점 더 저하되고 있는 것입니다. 외물을 보면 마음은 쉽게 벌떡거려요. 잡념이 들어오면 정신은 그에게 자리를 내어줍니다. 기호의 욕구를 채워주지 않으면 불안해집니다.

감각을 제어하는 능력을 기르기 위해서는 몰입(沒入) 훈련이 필요합니다. 몰입은 에너지를 집약적으로 사용하는 능력입니다.

몰입 훈련 1단계는 아무리 단순하고 작은 일이라도 한 번 시작한 일은 마무리 짓는 습관을 들여야 합니다. 그 과정에서 감각의 욕구와 싸워 이기는 능력이 길러지기 때문입니다.

2단계는 몰입의 기본원리를 이해하고 그 환경을 만들어 나가는 것이 중요합니다. 사람은 분위기에 쉽게 동화되기 때문입니다. 몰입의 원리는 긴장과 이완입니다. 현대인들은 긴장의 연속입니다. 학생들은 학교에서 정규수업을 마치고 집에 오면 긴장을 풀 시간을 주지 않아요. 학원, 과외 등 공부에 연속입니다. 그나마 이완적 성격이라 볼 수 있는 예술과 체육도 레슨의 개념이 붙게 되면 긴장을 늦출 수 없습니다.

몰입 훈련 3단계는 과욕을 버리는 연습입니다. 현대인들은 불필요한 욕심이 너무 많아요. 내 것이 아니면 버리는 연습이 필요합니다.

호흡의 원리처럼 숨을 토해내야 숨을 들이마실 수 있는 것입니다.

　자녀의 성품은 부모 성품의 영향을 받으며 형성됩니다. 초등학교 6학년이면 이제 어린아이가 아닙니다. 한 인격체로 대하면서 자녀에게 부모의 고민을 진지하게 털어 놓는 시도를 해보세요.

실행능력을 길러주는
'습관' 스토리텔링

Q 습관적으로 거짓말을 하는데 어떻게 하죠?

Q 요즈음 아이들이 전 세대에 비해 버릇이 없다고 하는데?

잘못된 공부 습관을 찾아내라

여러분의 자녀는 능력을 충분히 발휘하고 있는가? 자기에게 주어진 재능을 최대한 발휘해서 자신이 얻을 수 있는 최고의 성과를 나타내고 있는가?

말을 바꾸어본다면, 자녀의 현재 공부 습관이 자기 자신에게 도움이 되고 있는지? 자녀가 책상 앞에 앉아서 책장을 펼치는 순간부터 자녀의 두뇌는 일사불란하게 새로운 지식의 흡수에 완전히 몰두하는지, 아니면 그 힘이 헛되이 낭비되고 마는지…….

이제 곧 3분 테스트로 그것을 파악할 수 있습니다. 이것은 자녀의 지능이나 재능에 관한 것이 아니라, 자녀가 현재 가지고 있는 학습 습관의 효율성 여부를 신속하게 알려주는 과학적인 테스트입니다.

자녀가 공부하는 모습을 단 하룻밤만 관찰해 보도록 하십시오. 그러고 나서 다음의 질문들에 '그렇다, 아니다.'로 답해 보세요. 3분이면 자녀의 공부방식이 지니는 모든 결함이 확연히 드러날 것입니다. 그러면 자녀가 공부할 때 어떤 장애물이 있는지를 잘 알게 될 것이며, 그 장애물을 제거하기 위한 작업을 차근차근 실시할 수 있을 것입니다.

- 자녀는 공부할 때 필요한 물건들을 찾아 쓰는 데 애를 먹는가?
- 자녀는 숙제를 혼자 힘으로 하는데 너무 시간이 많이 걸리는가?
- 자녀는 공부하는 데에만 정신을 쏟는 것에 어려움을 느끼는가?
- 자녀는 공부하는 내용의 핵심을 파악하는 데 어려움을 느끼는가?
- 자녀는 평범한 수학문제를 푸는 데 시간을 많이 소비하는가?
- 자녀는 같은 실수를 자꾸 반복해서 하는가?
- 자녀는 가족에게 자기의 학교 숙제를 도와 달라는 부탁을 자주 하는가?
- 자녀는 자기의 생각을 글로 표현하는 데 어려움을 느끼는가?
- 자녀는 자기 스스로 작성하기보다는 다른 학생들의 숙제나 작문을 모방하는 경우가 더 많은가?
- 자녀는 새로운 단어를 배우자마자 곧 잊어버리는 경우가 많은가?
- 자녀는 공책이 지저분하고 글씨를 못 알아볼 정도로 흘려 쓰는가?
- 자녀는 주어진 과제를 제 시간에 끝내는 적이 드문가?

- 자녀는 시험을 위해 마구 주입식으로만 공부하는가?
- 자녀는 시험을 치르기 전날에는 시험에 대한 불안감 때문에 병이 나는가?

만약 '그렇다'라고 답한 질문이 4개 이상이라면 여러분의 자녀는 엉성한 공부 습관 때문에 25% 이상의 두뇌 능력을 낭비하고 있는 셈입니다. 다시 말하자면, 자신이 얻을 수 있는 성적의 25%를 덜 얻고 있다는 것입니다.

만약 8개 이상의 질문에 '그렇다'라는 답을 했다면 여러분의 자녀는 지금 심각한 상태에 있습니다. 여러분은 그것을 한눈에 알아볼 수 있을 것입니다. 하지만 이제 극적으로 일취월장하는 자녀의 학업을 흐뭇한 마음으로 바라보게 될 것입니다.

지금 이 테스트 결과를 그대로 지니고 있다가 몇 주 후에 다시 한 번 테스트를 해보도록 하세요. 그 차이는 놀랄 만할 정도일 것입니다. 일주일 만에 자녀의 학습태도가 완전히 바뀌어져 있을 것이며, 이제 자녀가 성공의 길로 접어들어 있음을 분명히 확인할 수 있을 것입니다.

그때에도 아직 '그렇다'는 답을 하게 되는 사항이 남아 있다면 한달 후에 다시 그 사항을 확인해 보세요. 그때는 자녀의 학업상의 모든 문제점들이 뜨거운 난로 위에 떨어진 물방울처럼 완전히 증발되어 버린 것을 보게 될 것입니다. 그리고 그 결과는 이제 자녀가 집에 가져오는 모든 시험점수와 성적표에 의해서 결론적으로 평가될 것입니다.

버릇은 고칠 수 있다

보상을 바라는 아이 교육하기

아이들은 어떤 일을 잘하고 나서 보상을 바랍니다. 당연히 해야 할 일임에도 불구하고 보상을 바라는 경우가 많은데 이때는 처음엔 다소 버릇이 나빠지더라도 서서히 교정해 나가면서 다룰 수 있습니다. 그러나 보상을 바라는 마음이 지나친 나머지 '어떤 일을 하면 보상을 받을까?'라고 스스로 보상거리를 찾아나서는 적극적인 태도는 아이들에게 결코 바람직한 현상이 아닙니다.

행동심리학자들은 신문을 갖다 주거나 카펫 청소를 하는 등 가족구성원으로서 으레 하고 있고, 또 해야 할 일을 노동으로 볼 수는 없으며 따라서 이런 일에도 돈을 주는 것은 자칫하면 아이에게 돈은 쉽게 벌 수 있는 것이며, 돈이 최고라는 배금사상을 갖게 할 우려가 있다고 지적합니다. 특별한 일을 했거나 어려운 일을 했을 때에만 이를 긍정적으로 받아들이고 보수를 주어, 이런 일을 하면 보수를 받을 수 있다는 교육적 상황으로 연결시켜야 합니다.

아이의 요구를 무엇이든 다 들어주는 경우, 또 어떤 보상으로 아이들의 행동을 유도하는 경우, 이런 태도는 아이를 부모에게 항상 의존적이고, 학교에서는 내성적이고 비사교적이며, 정서적으로 불안정하게 만들어 집단생활에 잘 적응하지 못하고 자주성이 없는 상태로 자라기 쉽다고 합니다.

보상이 없으면 아무 일도 하려 들지 않는 태도는 커서 남을 돕는다거나 남의 어려운 일을 대신해 주는 일을, 돈 안 생기는 일이라며 외면하게끔 만들게 됩니다. 어느 부모도 이런 자녀를 원하지는 않을 것입니다.

말 안 듣는 아이 길들이기

말 안 듣는 아이들을 길들이는 방법은 없을까? 아무리 달래고 구슬려도 장난감은 여전히 가득 널려 있고, 저녁마다 아이를 씻겨서 잠자리에 들게 하는 일이 전쟁과 같을 때, 부모는 종종 참을성의 한계를 느낍니다.

이런 부모들을 위해 아동심리학자인 윌리엄 존슨 박사와 언어교정 전문가인 러셀렛지는 다음과 같은 조언을 합니다.

고분고분 말을 들을 상황을 일부러 만들어라.

예를 들어, 아이스크림을 준비한 후 아이에게 숟가락을 가져오라고 시킨다. 아이는 아이스크림을 먹고 싶은 마음에 숟가락을 가져올 것이다. 이때 부모는 이 행동을 충분히 칭찬하여, 선행의 기쁨을 경험하게 해준다.

아이의 주의를 환기시킨 후 분명하게 명령을 내려라.

아이들은 자기 마음에 드는 말은 잘 듣고 마음에 들지 않는 말은 못들은 체하는 경우가 있다. 아이의 이름을 불러 주의를 집중시킨 후 시킬 것을 지시한다.

권유형이 아닌 명령형으로 말하라.

"장난감 좀 치울래?"라는 말은 '아니요.'란 대답을 유도하는 말이다. 대신 "장난감을 치워라." 하고 명령형으로 말한다.

아이의 수준에 맞는 어휘를 사용하라.

아이들이 이해할 수 있도록 쉬운 말로 하는 것이 좋다.

강하고 확고한 목소리와 몸짓으로 항상 일관성을 갖고 말하라.

부모의 원칙이 수시로 바뀌면 아이가 부모의 말을 신뢰하지 않고 가볍게 듣게 된다.

꼭 적당한 때만 착한 행동에 대해 상을 주라.

너무 자주 상을 자주 주면 상의 효력이 없어진다.

민주적인 부모는 어린아이에게 너무 많은 것을 스스로 결정하게 하는 경향이 있습니다. 그런데 실제로 경험과 지식이 더 많은 부모가 아이를 위해 결정을 내려주는 것이 아이를 위해 더 좋은 경우가 많습니다.

아이 버릇 고치기

초등학생 아이들 중에는 손톱을 물어뜯거나 머리를 만지작거리고, 코를 후비는가 하면 눈을 깜박거리는 등 여러 가지 유형의 버릇을 가진 아이들이 있습니다. 이것은 아이들이 생활 속의 긴장을 해소하는 방법으로, 결코 나쁘다고 탓할 수만은 없다고 전문가들은 밝히고 있습니다.

아이 행동 전문의인 에드워드 크리스토 퍼슨 박사는 때때로 성인도 발을 흔들거나 구르면서 긴장을 풀듯이 아이 또한 특유의 버릇을 통해 스트레스를 해소한다고 말합니다. 유아가 손가락을 빠는 등 박자까지 맞춰가며 반복하는 버릇들이 마음을 진정시킨다는 것입니다.

그런데 아이들의 이러한 버릇이 부모의 눈에는 바람직하지 못한 것으로 비쳐 으레 꾸중이 뒤따르고, 심하면 아이 스스로도 스트레스를 받는 습관들입니다.

대부분 자라면서 이런 버릇들은 없어지지만 부모가 다음과 같이 도와줄 수 있습니다. 그리고 매주 버릇이 줄어들면 조그만 선물이나 특권을 부여해 줍니다.

우선, 문제의 버릇에 관해 자녀와 대화를 나누어 보세요. 자녀의 마음이 상하지 않는 범위 내에서 해결방안을 모색합니다. 버릇이 고쳐졌을 때는 칭찬을 아끼지 않습니다.

자녀에게 일기 속에 그날의 일과와 한두 문제의 버릇이 나타난 횟수를 기록하게 합니다. 한두 주 후에 일기를 보면서 자녀의 스트레스 정도와 패턴을 관찰하게 합니다. 심하게 스트레스를 유발하는 과외활동이 있으면 억제시켜야 하나, 좋은 점수를 받기 위한 것이나 축구 경기 중 골을 넣기 위한 것 등 피할 수 없는 스트레스도 있으므로 그런 경우에는 너무 서둘러 제한하지 않도록 합니다.

또한 다양한 휴식방법을 모색합니다. 자전거 타기나 음악 감상, 친구와의 대화 등은 좋은 스트레스 해소방법입니다.

단시간에 버릇이 없어질 것을 기대하지는 마세요. 예를 들어, 손톱 물어뜯는 시간을 한 번에 5분씩으로 제한하고 운동장에서는 손가락을 빨지 않게 하는 등, 시간과 장소를 제한해 단계적으로 목표를 성취하도록 합니다. 심하게 손톱을 물어뜯는 경우 손톱에 쓴 약을 바르는 것도 효과적입니다.

보상 또는 장려방법을 동원하는 것도 좋습니다. 손톱을 뜯는 경우 손톱에 매니큐어를 바르도록 허락하고 머리카락을 비틀어 꼬는 경우 멋있는 헤어컷을 해줘 그러한 행동을 할 수 없게 만듭니다.

올바른 습관 형성을 위한 코칭법

자녀를 바르게 키우고 싶은 것은 모든 부모가 바라는 바이지만, 생각과는 달리 실수를 하곤 하는 것 또한 부모 모두의 경험입니다. 자녀를 키우면서 부모가 가장 자주 범하는 실수와 그에 대한 대안을 알아봅니다.

칭찬을 너무 많이 또는 너무 적게 하는 것

부모는 자녀의 자신감을 높여준다는 명목으로 사소한 일까지 과대 칭찬합니다. 심리학자들은 칭찬에 너무 길들여진 자녀들은 칭찬을 듣기 위해 할 일을 할 뿐 자신의 만족을 위해 일할 줄 모른다고 말합니다. 반대로 자녀의 실수만 꼬집을 때 자녀는 자신감을 잃게 됩니다.

대안 : 일반적으로 칭찬 대 꾸중의 비율은 3 대 1이 적당합니다. 비율이 너무 높으면 과대 칭찬이 되고 반대로 너무 낮으면 비판적이 됩니다.

어린 자녀를 어른 대접하는 것

자녀의 의견을 존중해 준다고 해서 무슨 일이든 아이의 뜻대로 처리하는 것은 바람직하지 않습니다. 아이는 아직 판단력과 경험이 부족합니다. 너무 일찍부터 민주적인 방법에 길들여지면 후에 요구만 많고 버릇없는 아이로 자라기 쉽습니다.

대안 : 부모의 이유가 타당하다고 생각되면 마지막 한마디 결정에 따를 것을 명령합니다.

성질을 못 참고 화를 내는 것

큰애가 작은애를 때려 징징거리는 소리가 들리면 그 순간 부모는 소리를 치게 됩니다. 이렇게 아이들이 싸울 때마다 소리를 치면 아이들도 맞받아서 큰 소리를 냅니다.

대안 : 일단 흥분을 가라앉힌 다음 아이의 눈을 마주보며 단호한 목소리로 야단을 칩니다.

너무 예외를 두지 않는 것

일관성 있는 것과 엄격한 것은 엄연히 다릅니다. 일관성이 있어야 한다고 해서 어릴 때 세워놓은 벌칙을 중·고등학생이 될 때까지 지속하는 것은 무의미합니다.

대안 : 벌칙은 나이에 맞게 정합니다. 방에 혼자 있게 하거나 용돈, TV시청 시간 등을 줄일 수 있습니다.

벌주기를 피하는 것

징벌의 목적은 바른 것을 가르치는 것입니다. 자녀가 잘못된 행동을 하고도 그에 상응한 벌을 받지 않으면 끝내 교훈을 얻지 못합니다.

대안 : 징벌은 잘못한 일에 상응하는 만큼만 내립니다. 예로 자녀가 금요일 저녁 통금시간을 어겼을 경우, 1주간 외출 금지보다는 토요일에 빨래 개기 등으로 대치합니다. 때리는 것은 일시적인 효과는 있지만 장기적으로 자제력 상실과 함께 공포심을 심어주게 됩니다.

뇌물 등의 상을 주는 것

"잘하면 뭐 사줄게."라는 식의 뇌물 공세는 몇 번은 효과가 있지만 계속하면 보상 없이는 아무것도 하려 하지 않게 만듭니다.

대안 : 무슨 일이든 잘한 행동에 대한 칭찬의 표시로 상을 줍니다. 자녀가 방을 깨끗이 치웠을 때 칭찬의 표시로 아이스크림을 사주는 것은 뇌물이 아닙니다.

부모가 엇갈린 규칙을 내세우는 것

한 가지 일을 두고 부모가 서로 상반된 견해를 보이면서 자녀를 가르친다면 아이들은 혼란에 빠집니다.

대안 : 규칙에 대해서만은 부부가 똑같이 약속합니다. 예를 들어 숙제, 집안일, 취침시간, 말썽에 대한 징벌 등의 규칙을 부부가 같이 정하고 혼란을 피하기 위해 각자 다룰 분야를 나눕니다.

제일 나쁜 상태로만 단정하는 것

자녀가 실수를 했을 경우 진의를 가리지 않고 무조건 자녀의 잘못 쪽으로 돌릴 때, 자녀는 자신이 본능적으로 나쁘다고 인식하게 됩니다.

대안 : 자녀가 잘못을 했을 때 그 행동만을 야단칩니다. 또한 '항상' '절대' 등과 같은 극단적인 용어는 쓰지 않습니다. 친구나 학교에서 문제가 있을 경우 부모의 권유로 설교하기보다는 자녀의 입장을 끝까지 들어주어 부모는 자녀의 편에 서 있음을 알려줍니다.

청소, 기본적 규칙을 정하자.

항상 방을 지저분하게 치우지 않고 두는 것은 아이들에게 흔한 일입니다. 대부분 아이들은 부모의 간섭 없이도 어른이 되면 깨끗하게 치우는 습관을 지니게 됩니다.

럿커스 대학의 심리학과 부교수인 모리스 엘리아스는 깨끗함은 아이가 아닌 어른의 가치관이라며, 어른은 깨끗한 환경이 작업에 능률을 제공함을 알고 있지만, 아이는 자신의 감각에 맞게 방을 꾸미므로 효율성 따위는 전혀 고려하지 않는다고 말합니다.

부모는 흔히 정리를 하지 않으면 자녀가 물건의 중요성을 깨우치지 못해서 그러는 건 아닌지 하고 불안해하는데 이것은 정반대로 해석할 수 있습니다. 즉, 아이는 가끔씩 자신의 귀중품들을 일렬로 전시하기를 원하거나 또는 부모의 권위에 도전하는 도구로 사용하기도 합니다.

로체스터 의과대학의 소아과 교수인 루스 로렌스 박사는 지저분한 상태가 건강상 해롭지만 않으면 그리 큰 문제는 아니라고 합니다. 대신 몇 가지 기본적인 규칙을 사전에 세워두는 것이 좋다고 합니다. 즉, 방바닥은 일주일에 한 번씩 깨끗이 치워 진공 청소를 할 수 있게 해야 하며, 깨끗한 옷이나 벗어놓은 옷들을 헌옷과 구분해 놓을 것, 응접실이나 부엌 등 가족 공동의 장소를 어지럽힌 경우에는 반드시 치울 것 등 부모가 항목별로 관련 조항들을 정하고 이를 서서히 늘려가면 아이 방은 금세 정리된다고 합니다.

규칙을 잘 따르지 않을 경우 정기적으로 대청소를 할 것을 지시합니다. 이때 아이들은 무슨 일부터 시작해야 할지 몰라 쩔쩔매게 되고, 부모는 할 수 없이 관여하게 됩니다. 대 청소 시 부모는 먼저 해야 할 일들을 조목별로 나누어 자녀 스스로 할 수 있도록 돕는 것이 필요합니다.

예를 들어, 첫 단계는 더럽혀진 옷들을 빨래통에 넣고, 두 번째 단계로 늘어진 책들을 책꽂이에 정리하고, 나머지 장난감들을 정리함에 넣게 하는 등입니다.

엄마 도와줘서
고마워요~

엄마, 딸이잖아~

아이의 가사일 돕기를 권장하자.

어렸을 때부터 자기 주변 것은 자기가 다루도록 조금씩 유도하면서 부모의 일(가사 등)을 옆에서 돕게 하는 과정을 익히도록 하는 것이 필요합니다.

아이에게 식탁에 수저를 놓게 하는 등 간단한 일을 시키고, 일이 끝났을 때에 진지한 마음으로 감사를 표시하면 좋은 효과를 거둘 수 있습니다.

아이의 입장에서 보면 우선 부모에게 칭찬받을 일을 했다는 데서 기분이 좋아지고, 가정의 구성원으로서 인정받았다는 정신적 충족감을 느끼게 됩니다. 이 같은 느낌이 반복되면 정서적으로도 안정되고 사회적인 경쟁에 있어서도 초조해지지 않고 꿋꿋이 밀고 나가는 힘을 기를 수 있을 것입니다. 이런 면에서 볼 때 공부 때문에 집안일을 거들 수 없다는 것은 핑계에 지나지 않습니다.

아이는 철이 들면서 부모의 입장이나 애씀을 이해하게 되고, 따라서 가족을 위해 무엇인가 도움이 될 수 있는 일을 스스로 모색하게 될 것입니다. 그리고 자라면서 가정 내에서 겪은 경험과 가정의 다른 구성원과의 관계를 터득하고 협동심, 공동체의식을 갖게 될 것입니다.

최초 성격 형성 시기에
부모가 해야 할 일

심리학자 로렌스 바터 박사는 첫 5년간 아기가 거쳐야 하는 발달단계는 거의 비슷하다고 합니다. 그렇기 때문에 이러한 발달단계를 미리 앎으로 그때그때 일어나는 문제들을 비교적 쉽게 알 수 있습니다. 또한 즐겁고 감사하는 마음으로 아기를 키울 수가 있습니다.

아이들의 성격은 생후 몇 년 사이에 이루어집니다. 보살핌을 잘 받고 자란 아이는 원만한 성격을 갖습니다. 그렇기 때문에 아기에 대한 사랑과 이해심이 매우 중요합니다. 생후 18개월간이 아기들의 활동이 제일 활발한 시기입니다. 건강한 아기는 자기 주변에서 일어나는 일에 모두 관여하려고 합니다. 그러나 그의 주변을 마음대로 만질 수 없기 때문에 부모가 그의 손과 발이 되어주어야만 합니다.

이 기간 동안에 부모가 해야 할 책임 중의 하나는 아기를 위해서 항상 같이 있어주는 것입니다. 이때 단순히 돌보는 사람으로서가 아니라 자극을 주며 조력자가 되어주어야 합니다. 즉, 아기의 필요를 알고 그 요구에 즉각 응해 주어야 합니다.

생후부터 18개월까지

밤에 아기가 우는 경우, 오래 울리지 않도록 합니다. 이것은 부모에게 혹독한 고문이며 아기에게도 큰 고통이 됩니다. 아기가 잠잠해질 때까지 안고 달래줍니다. 그러나 아기가 밤중에 갑자기 깨어나는 것은 문제가 다릅니다. 이런 현상은 흔히 아기가 처음으로 일어서거나, 걷거나, 층계를 기어오르는 것을 배우려는 징조일 수 있습니다. 이러한 동작을 달성하려고 아기는 놀랄 만큼 독립성을 갖게 됩니다. 이러한 불안감 때문에 잠자는 시간에 깹니다.

밤에 아기가 울어서 가보았을 때 아기가 침대에 서 있는 것을 발견하게 되면 새로 배운 일어서기를 연습하는 것으로 알면 됩니다. 그럴 때는 조용히 달래서 울음을 그치도록 합니다. 그리고 나서 방을 어둡게 해주고 등을 두드려서 잠을 잘 수 있는 자세로 눕혀줍니다. 또 다시 일어나려고 하면 위의 절차를 다시 반복합니다.

18개월부터 3세까지

걸음마하는 아이는 어쩔 수 없이 '아니야.'의 단계를 거치게 됩니다. 아이가 "아니야."라고 할 때의 뜻은 자기와 부모 간의 구별을 두려워하기 때문입니다. 이러한 태도를 고칠 수 있다고 생각하면 큰 잘못입니다. 고칠 수 없을 뿐 아니라 이 단계는 아이의 성장에 매우 중요합니다.

걷기를 시작하기 전부터 "안 돼."라는 말은 부모가 될수록 쓰지 않는 것이 좋습니다. 한 살쯤 될 때 부모는 쉬운 단어들만을 많이 쓰는데 그보다는 완전한 문장으로 표현하는 것이 좋습니다.

만일 아이가 칼을 잡았을 경우 그 칼을 빼앗아놓고 장난감이 아니라고 설명을 해줘야 합니다. 이렇게 얘기하면 부정적인 것을 함축하면서 나오는 "아니야."라는 말은 점차 사라지게 될 것입니다.

추운 날씨에 아이에게 코트를 입으라고 했을 때 '싫다'고 대답을 하는 경우, 재미있는 이야기를 하면서 슬며시 옷을 입힙니다. 아이들은 옷 입는 자체보다는 입으라는 말을 듣는 것을 싫어하기 때문입니다. 또 다른 방법은 코트를 입겠냐고 묻는 것보다는 "엄마가 입혀줄까?" 아니면 "○○가 입을래?"라든가 "빨간 장갑과 파란 장갑 중에 어떤 것으로 낄까?" 하는 식으로 유도하는 것이 좋습니다.

아이와 함께 줄을 서서 기다려야 할 경우, 어떨 땐 아이가 싫증이 나서 몸을 비틀면서 짜증을 부립니다. 심지어 바닥에 구르거나 소리를 지릅니다. 이럴 때는 앞 사람에게 양해를 구하고 구석으로 가서 꼭 붙잡는 듯이 안고 부모의 의사를 전달합니다.

"조용히 해야 돼. 조금만 있으면 끝나. 조용히 할 때까지 엄마가 이렇게 안고 있을 거야."

들을 때까지 반복하도록 합니다. 또 "네가 짜증부리는 것을 끝내면 다른 것을 할 거야."라고 말합니다. 그리고 말을 잘 들으면 끌어안아서 칭찬하는 표시를 해주는 것이 좋습니다.

거짓말의 심리적 기제와 아이 지도

어릴 때 거짓말을 하지 않던 아이들도 커가면서 조금씩 거짓말을 하게 되는 것이 보통입니다. 사물에 대한 강한 호기심을 가지고 있는 아이는 자아통제력이 약하며, 일상적이고 반복적인 일들을 귀찮아하기 때문에 거짓말을 하는 경우가 많습니다.

성인도 양치질을 하기 싫을 때가 있으며, 값비싼 기계를 만져서 고장을 내게 되면 만지지 않았다고 거짓말하고 싶은 충동을 느낍니다. 이와 같이 단순하고 우연한 거짓말이 있는가 하면, 심리적 문제를 발생시킬 수 있는 병적인 거짓말도 있기 때문에 부모는 주의 깊게 살펴볼 필요가 있습니다.

부모로부터 충분한 애정을 받지 못한 자녀가 부모의 관심을 끌기 위하여 거짓말을 하기도 합니다. 야단을 맞는 것도 부모의 관심 대상이 되는 일이기 때문에 자녀는 야단을 맞으려 일부러 반복적으로 거짓말을 하게 되는 경우도 있습니다. 이러한 경우에는 아이를 꾸짖거나 야단쳐서는 안 됩니다. 오히려 무시하고 모른 척해야 합니다. 대신 아이가 애정 부족을 느끼지 않도록 조그만 일에도 관심을 보이고 칭찬해 주며 자주 포근하게 안아주면 아이의 거짓말은 빠른 시일 내에 사라질 것입니다.

　　부모나 다른 사람의 기대를 만족시키지 못할지도 모른다는 두려움 때문에 거짓말을 하는 수도 있습니다. 부모나 다른 가족의 기대가 클수록 아이는 계속 거짓말을 할 수밖에 없으며, 결국 거짓말하는 습관이 형성될 가능성이 큽니다. 단순한 거짓말은 물론이고 심리적 문제에 의해 야기되는 거짓말도 결국 가정의 분위기나 부모의 양육방식에 기인한다고 볼 수 있습니다. 가정 분위기가 억압적이고 조그만 잘못에 대해서도 관대하지 못하고 가혹하면, 아이는 자신의 잘못에 대해 정직하기 어려울 것입니다. 실제로 매를 맞을 것이 확실하다면 아이는 우선 매를 맞지 않기 위해 거짓말을 하게 될 것입니다.

　　자아통제 능력이 부족한 성장기의 아이는 실수와 잘못을 저지르는 것이 오히려 정상적입니다. 부모는 아이 양육을 위한 기본 원칙과 행동의 한계를 설정해 놓고 일관성 있게 훈육해야 합니다.

　　아이는 성인과는 달리 잘못을 저지르는 횟수가 빈번하기 때문에 야단을 맞아야 할 경우도 있을 것입니다. 하지만 아이 스스로 거짓말하는 것은 이미 나쁜 행동이라는 것을 알고 있는 경우에는 때때로 아이의 잘못을 묵인해 주는 것이 더 바람직할 수도 있습니다. 부모는 직접 목격한 잘못만을 지적하고 주의를 주며, 직접 보지 않은 행동은 그냥 지나치도록 합니다. 부모가 지적하지 않은 행동에 대해서도 아이는 죄책감을 느끼기 때문에 스스로 고쳐나갈 수 있을 것입니다.

앞에서도 언급한 바와 같이 가장 바람직한 훈육 방법은 조금이라도 잘한 행동은 칭찬해 주고 잘못한 행동은 무시하는 것입니다. 대부분의 부모는 칭찬하는 데 인색한 반면, 야단치고 비난하기를 더 선호하는 경향을 지니고 있습니다. 칭찬보다 더 좋은 훈육 방법은 없다는 사실을 명심해야 합니다.

잠버릇, 그냥 지나칠 문제 아니다

잠잘 시간에 자지 않겠다고 버티거나 잠투정이 심해 매일 밤 부모를 곤욕에 빠뜨리는 아이들이 있습니다. 소아과 병원의 리사 애담스의 말에 따르면 1~4세 사이의 아이들 중 25%가 그렇다고 합니다. 이 같은 아이들의 잠버릇을 바로 잡으려면 부모가 끈기 있게 행동수정을 시도해야 합니다.

우선, 아이의 취침시간이 되면 목욕, 책읽기, 노래 부르기 등 조용한 활동 4~7가지 정도를 같이 합니다. 각 활동이 끝날 때마다 칭찬과 격려를 20분 정도 계속합니다. 그 후 아이를 침대에 눕히는데 아이가 이를 거부하면 오늘 놀이는 끝났으며 잘 시간이라는 것을 말해 줍니다.

처음에는 이 같은 행동을 늦은 시간에 시작하여 책읽기, 노래 부르기 등의 활동이 끝났을 때 아이가 졸음을 억제할 수 없게 만듭니다. 그 후 매일 시간을 조금씩 이르게 조정하여 6주 후에는 바람직한 취침시간에 맞추도록 합니다.

애담스는 18개월에서 네 살까지의 아이가 있는 가정을 대상으로 이 같은 잠버릇 수정 방법을 시도했는데 그 결과가 좋았다고 밝혔습니다.

소아과 저널에 발표된 연구결과에 따르면, 연구대상 36가정 중 행동수정을 시도한 12가정의 경우 4주 만에 아이의 잠버릇을 바로잡을 수 있었다고 합니다.

그의 연구에 의하면 아이를 침대에 무조건 눕히고 울어도 내버려 둔 경우도 잠버릇을 고치기는 했지만 시간이 더 오래 걸렸고, 아이의 고독감과 소외감을 조장했을 것이라고 추측했습니다. 또 종전 방식대로 아이가 잘 때만을 기다려 재운 12가정들은 끝내 아이의 잠버릇을 고칠 수 없었다고 합니다.

애담스는 아이가 충분히 수면을 취하도록 보장해 주려면 부모가 아이의 취침시간을 강경하게 고수해야 한다고 덧붙였습니다.

부모 곁을 떠나지 않으려는
아이 지도하기

아이가 낯선 사람이나 새로운 환경을 만났을 때 엄마 치마폭에 매달리거나 우는 경우가 많습니다. 이런 아이들은 어떻게 지도하면 좋을까? 많은 경우 매달리는 행동은 아이가 독립하기 위한 정상적인 성장과정의 한 단계로 볼 수 있다고 합니다.

가정심리치료사이며 『다루기 어려운 아이』란 책의 저자인 스탠리 터래키 박사는 아이들은 특별히 부모에게 의지하는 몇 단계의 발달과정을 겪는다고 말합니다. 특히, 7~9개월 된 영아들은 낯선 얼굴을 보고 불안해하거나 두려움을 나타냅니다. 이 나이의 영아들은 부모에 대한 소유욕이 강해지며 부모에게 착 달라붙거나 담요나 곰 인형 등

위안을 주는 물건을 찾으려고 합니다.

한 살 때 필요한 대상을 제일 많이 찾으며, 그 후부터는 차츰 줄어 듭니다. 하지만 어느 발달단계에서나 부모와 떨어져 있을 때 유아들은 불안을 느낍니다. 예를 들어, 두 살 즈음에도 혼자서 놀면 불안을 느끼는데 학교에 입학했을 때도 이러한 행동을 반복할 수 있습니다. 또한 기질적으로 매달리는 형의 유아들이 있습니다. 이런 유아들은 성급하기 때문에 위안을 주고 안아주어야 합니다. 예민하기 때문에 새로운 얼굴이나 장소에 적응하는 데 어려워합니다. 따라서 계속해서 재확인하기 위해 부모를 찾는 것입니다.

부끄러움을 타는 아이들은 분리공포증을 갖습니다. 가정과 부모에게 강력한 집착을 나타내는 유아들은 부모와 떨어질 때 반항을 하거나 눈물을 흘리거나 겁을 먹습니다.

부모에게 매달리는 현상은 타고나는 것이 아니라 부모가 낯선 사람에게 지나친 반응을 보이는 것을 보고 아이는 무언중에 이러한 태도를 배우는 것입니다. 따라서 그러한 부모의 태도는 아이들의 독립심을 키우는 데 방해가 됩니다. 또 부모의 이혼, 사망, 새집으로의 이사 등도 매달리게 하는 원인이 됩니다.

하지만 부모의 도움 없이 대부분의 유아는 매달리는 행위를 극복합니다. 유아 자신의 손가락을 빨거나 종알거리거나 인형을 가지고 노는 것에서 위안을 받은 유아가 부모가 재우는 유아보다 잠을 쉽게 잡니다. 유아는 스스로 이러한 기능에 숙달해야만 다른 상황에도 적응을 할 수 있게 됩니다. 부모가 없어도 혼자서 편안하게 지낼 수 있는 유아는 낯선 사람이나 낯선 장소에서 덜 놀라게 됩니다.

유아가 혼자 놀 수 있게 하기 위해서는 말을 자주 하지 않고 가볍게 등을 두드려서 안심을 시킵니다. 가끔 유아의 등을 두드려주는 것은 사랑을 표시해 주는 것이기 때문에 중요합니다. 만일 유아가 서너 살 정도로 크면 함께 놀아주다가 잠시 자리를 뜨는 시간을 조금씩 늘립니다.

학령기 아이를 혼자 있게 하려면 블록 쌓기, 퍼즐 등 혼자 놀게 한 후에는 천천히 자리를 피합니다. 부모가 집을 비울 때 보채는 아이에게는 곰 인형을 안겨주거나 전화를 하겠다고 꼭 약속을 하고 나가야 합니다. '안녕!' 하고 인사를 하면 오히려 헤어지는 것을 슬퍼하게 만들 수 있습니다.

아이 양육 전문가들은 아이 옆을 떠날 때 다음과 같은 준비를 해야 한다고 말합니다. 아이에게 부모가 반드시 귀가한다는 것과 돌아온 후에는 약속을 지켰다는 것을 상기시키도록 합니다.

아이가 매달리는 이유가 가족의 사망이나 부모의 이혼에 기인한다면 아이가 고통스러워하는 원인을 표현하도록 도와야 합니다. 그와 비슷한 처지를 담은 책을 읽어주는 것도 많은 도움이 됩니다. 함께 얘기하고 인형놀이를 이용하거나 그림을 그려서 표현하도록 해서 문제를 해결할 수도 있습니다. 정도가 심하면 심한 공포증을 가질 수도 있기 때문에 심리치료사에게 의뢰하도록 합니다.

좋은 습관은 긍정적 자아에서 형성된다

자아란 개인이 자기 자신에 대해 가지고 있는 생각이나 느낌을 의미합니다. 개인의 신체적 특성은 물론 성별, 행동 성향 및 정서적 특징, 능력, 흥미 그리고 목표에 대한 자신의 평가입니다. '나는 유능한 사람이다.' '나는 무엇이든지 할 수 있다.'와 같이 자신에 대한 긍정적 자아개념을 가질 수 있는 반면, '나는 무능하다.' '나는 쓸모없는 사람이다.'라고 생각하는 부정적 자아개념을 가질 수도 있습니다.

개인의 자아개념은 출생 때부터 미리 형성되어 있는 것이 아니며, 성장 과정 동안 외부의 환경 조건에 의해 결정되는 것으로 양육자의 특성과 양육 방식이 중요한 요인이 됩니다. 출생 직후 부모로부터 애정을 받지 못하고 거부당한 아이는 자신에 대한 긍정적 자아 개념을 형성할 수 없으며, 부모의 지나친 행동 제한이나 처벌은 아이를 좌절시키기 때문에 반복되면 부정적 자아개념을 형성할 가능성이 높아집니다.

만 두 살에 이르게 되면 아이는 모든 일을 스스로 처리할 수 있다고 생각하고 자신의 방식대로 수행할 것을 고집합니다. 그러나 아직까지 신체발달이 미숙하고 운동 기술이 부족하므로 실패할 가능성이 큽니다. 이때 부모가 아이의 자발적 활동을 제한하거나 실패에 대해 비난을 하면 아이는 수치심과 자기 회의를 발달시키고 자신감을 잃게 됩니다. 반복적인 실패와 비판은 아이로 하여금 자발적 행동으로부터 위축되게 하고 새로운 것을 시도한다면 실패할 것이라고 생각하게 합니다.

"넌 왜 이렇게 못하니?" "이것도 못해!"라는 성인의 표현은 아이로 하여금 자신감을 잃게 하고, 부정적 자아개념을 갖도록 할 수 있는 언어들입니다. 무심코 던진 성인의 말은 아이의 가슴에 치명적인 상처를 낼 수 있습니다.

그러므로 부모는 인내심을 가지고 기다릴 수 있어야 하며, 아이가 실패할 가능성이 있을 때는 지원해 주고, 격려하며 칭찬을 아끼지 말아야 합니다. 자식이 귀엽고 소중하다고 해서 모든 것을 부모가 대신 해주고, 다칠 것을 두려워하여 활동을 제한한다면, 아이는 매사에 소극적이고 아무것도 시도하려고 하지 않을 것이며 결국 성취감을 경험해 보지 못하게 될 것입니다.

엄마 이, 이거 주워줘.

    부모는 때때로 아이가 할 수 없을지도 모르는 일을 하도록 허용해야만 하고 새로운 과제에 전념할 수 있도록 격려해야만 합니다. "바쁘다, 빨리해." "시간 없어."라는 어머니의 재촉은 아이의 활동을 제한할 수밖에 없습니다.

    유치원이나 초등학교에서의 실패 경험도 부정적 자아개념을 형성합니다. 부모로부터의 반복적 행동 제한과 실패를 경험한 아이는 유치원이나 초등학교 상황에서도 실패할 가능성이 큽니다.

학교에서의 실패는 점차적으로 누적되어 가며, 자신에 대한 부정적 자아개념은 점점 더 바꾸기가 힘들어집니다. 반복적으로 실패를 경험한 아이들은 실패의 가능성이 최소화되는 친숙한 상황에서만 편안함을 느끼기 때문에 새로운 활동을 회피하고 이미 알고 있는 익숙한 상황에만 집착할 것이 분명합니다.

심리학자인 로젠버그는 부정적 자아개념을 형성한 사람은 대인관계에서 어색해하고 불안해하며 고독을 느끼는 경향이 있다고 주장하면서, 그들은 일을 시작하기도 전에 실패할 것을 예상한다고 강조하였습니다.

사람은 때를 만나면 언젠가는 변한다

아이의 성격 형성은 극적인 사건이나 몇몇 중요한 계기에 의해서 보다는 부모와의 일상적인 관계에 의해 더 많은 영향을 받는다는 사실이 최근 심리학계에서 강력하게 대두되고 있습니다. 이 같은 이론은 아이의 생활에서 작은 순간들이 꾸준히 이어짐으로써 성격 발달에 직접적인 영향을 미친다는 사실을 강조하는 것입니다.

아기는 태어나 보통 4개월이 되면 눈길을 피할 줄 알고, 12개월 정도 되면 걸을 수 있으며, 18개월에는 "안 돼."라고 말을 합니다.

이러한 의지의 행동은 중추신경의 자연적인 발달에 의해 각각 전달되는데 아이의 성격 발달은 이들의 정상적인 자립을 방해하는 부모나 어른에 의해 빗나갈 수 있습니다.

코넬 의과대학 정신과 전문의인 다니엘 스턴 박사는 2년간에 걸쳐 정기적으로 유아와 엄마와의 일상적인 행동을 녹화했습니다. 스턴 박사의 연구는 엄마와 유아에 초점을 맞추었는데 오랫동안 보살핀 사람에게도 적용될 수 있습니다.

스턴 박사의 조사 결과는 아이의 훗날 대인관계에 있어서 엄마와 가진 매일 매일의 무수한 작은 교류가 얼마나 중요한가를 보여주고 있습니다.

그는 스물다섯 살 엄마와 그녀의 쌍둥이 아들이 15개월이 될 때까지 모든 활동을 정기적으로 필름에 담았다고 합니다.

3개월 반 무렵에 엄마와 쌍둥이 중 형은 서로 눈길을 주고받는 것을 되풀이했습니다. 아기가 얼굴을 돌려도 엄마는 계속 눈길을 주었는데 그럴수록 아기는 더욱 심하게 얼굴을 피하는 것이었습니다. 엄마가 눈길을 떼자마자 아기는 엄마를 돌아봤으며 이 행동은 아기가 울음을 터뜨릴 때까지 반복되었습니다.

쌍둥이 중 동생의 경우, 엄마는 계속 눈길을 주지 않았으며 아기가 원할 때 엄마와 접촉을 중단했습니다.

스턴 박사는 쌍둥이가 15개월이 됐을 때 형이 동생보다 현저하게 공포심이 많았고 의존적이었으며 이에 비해 동생은 사람들에게 활달하게 대했고 눈길을 똑바로 주었습니다.

스턴 박사는 유아들이 이 같은 꾸준한 반복적인 쌍방의 행동으로부터 지대한 교훈을 얻는다고 보고 있습니다. 또한 행동패턴이란 훗날에 변화할 수 있긴 해도 한 사람의 일생 동안 사회적 관계 패턴은 단순한 교류에서 시작된다는 것입니다. 따라서 부모가 지속적으로 아이와 화합하는 데 실패할 경우 유아 발달에 영향을 미친다고 스턴 박사는 주장하고 있습니다.

스턴 박사의 조사 내용 중 흥미로운 사실은 유아의 발달 과정에서 6~8주, 5~6개월 그리고 12개월, 18개월경 등 특정 시기에 뚜렷한 변화를 보였다는 것인데, 이는 심리적 요소보다는 이 시기에 아이의 신경조직이 극적인 변화를 보이기 때문으로 풀이했습니다.

체벌도 사랑이다

아이 학대란 일반적으로 심각하게 신체적 가해를 행하는 것을 말합니다. 부모가 처음에는 단순히 가벼운 벌을 주려고 하다가 심하게 아이들을 다치게 할 수가 있습니다. 학대란 또한 등한시 내지는 적당한 보호를 해주지 않는 것을 의미합니다.

또 정신적인 학대를 의미하기도 하는데 아이들을 계속해서 윽박지르며 창피를 주는 것입니다. 아이가 계속적으로 학대를 당하면 발달이 부진해지며 주저심·적개심을 갖게 되고 공격적이 되며 자존심을 잃게 됩니다.

아이 학대의 원인은 여러 가지가 있으나 부모의 스트레스가 중요한 역할을 하는데, 가정불화, 경제적 문제 등이 그 스트레스의 주원인이 되고 있습니다.

어느 부모든지 자녀가 말을 잘 안 들을 때는 격분하게 됩니다. 그렇다면 불만을 정확하게 표시하되 아이를 학대하지 않고 벌을 줄 수는 없을까?

다음은 건강한 정신 훈련을 위한 다섯 가지 제안입니다.

1. 감정적으로 폭발할 때에는 자녀에 대한 체벌을 억제해야 한다.

몹시 화가 날 때에는 아무것도 하지 말아야 한다. 화가 나면 아이를 야단칠 때 때리기 쉽고 그럴 때 감정이 폭발하여 때리는 정도가 심해질 수가 있다. 이럴 때는 부모나 자녀 모두에게 냉각기가 필요하다.

2. 체벌을 결정하기 전에 야단을 쳐야 할 일에 대해서 상세히 조사해야 한다.

왜 야단을 맞아야 하는지 자녀의 친구, 형제, 교사 등을 통해서 그 상황의 자초지종을 잘 알아야 한다. 그리고 자녀에게도 충분히 이야기할 기회를 준 후에 종합적인 경지에서 결론을 내려야 한다. 가장 쉽게 감정적으로 상처를 줄 수 있는 것은 불공평한 체벌을 하는 것이다. 또 자녀의 부정행위는 탓하지 않고 다른 사람을 나무라는 것은 위험한 일이다.

3. 자녀의 부정행위는 다른 사람들과 의논하는 것이 좋다.

화가 날 때는 이성을 잃기가 쉽다. 친구나 남편 또는 믿을 만한 사람과 문제되는 행위에 대해서 의논하는 것이 좋다. 만일 똑같은 경우를 겪은 사람이 있다면 그는 아이를 더 현실적으로 볼 수 있게 하며 문제를 해결하는 데 실질적인 도움을 줄 것이다.

4. 부모는 아이 발달과 부모의 역할에 대해서 교육을 받아야 한다.

한 연구에 따르면, 부모가 자기의 역할과 아이의 정상 발달 과정을 잘 이해하는 사람일수록 부모 역할을 잘 해낼 수 있다고 한다. 부모로서 자녀교육을 제대로 수행하고자 한다면 부모교육, 아이발달, 가정문제를 다루는 교과과목을 택하는 것이 좋다.

5. 자녀에게 부모의 가치관을 분명히 밝히고 일관성 있게 적용해야 한다.

자녀는 그들에게 어떤 행동은 허용되고, 어떤 행동은 허용되지 않는지를 알기 위해 각 발달 단계마다 부모를 테스트하려고 한다. 이것은 짐스러운 일이지만 부모가 일관성을 지키며 지도해야 하는 이유이다. 정서적으로 항상 따뜻하게 받아들일 수 있고 융통성이 있어야 부모의 가치관을 유지시키며 아이들로부터 신뢰감을 얻을 수 있다.

습관적으로 거짓말을 하는데 어떻게 하죠?

최근 들어 아들이 하는 이야기를 믿을 수가 없게 되었습니다. 아들은 몇 번이나 우리 부부를 속였을 뿐만 아니라, 거의 모든 것에 관하여 거짓말을 하는 것 같고, 심지어는 학교 성적과 출석 여부까지도 거짓말로 꾸며댑니다. 그뿐만 아니라 아들은 거리를 배회하거나 놀이에 모든 시간을 보내고서도 친구들과 공부하였다고 거짓말을 하고는 합니다. 이제 우리 부부는 아들을 더 이상 믿을 수가 없게 되었고, 종종 벌을 주고는 합니다. 그래도 아이는 계속 거짓말을 하는데 어떻게 하면 좋을까요?

대부분의 부모들은 자녀가 거짓말을 한다는 것을 발견했을 때 몹시 놀랍고 화가 날 것입니다. 물론 자녀가 어쩌다 한 번씩 하는 거짓말이라면 그렇게 심각할 것도 아니고 이런 경우에는 곧 거짓말이라는 것이 들통이 나고 말지만 이와는 반대로 종종 거짓말을 하게 된다면 이것은 큰 문제입니다.

그러면 왜 우리 아이들은 거짓말을 할까? 부모님이 이 문제를 해결하기 위해서는 먼저 자녀들이 거짓말을 하지 않으면 안 되는 이유를 이해해야 합니다.

첫째, 부모와 자녀 사이의 믿음이 깨지는 경우입니다. 자녀들은 종종 부모님에게 진실을 말해 보았자 통하지 않기 때문에 적당히 꾸며내

274

는 것입니다. 그것은 부모와 자녀 간의 신뢰가 깨지고 자녀들이 부모에 대한 믿음을 상실했다는 것을 의미합니다. 이런 부모일수록 "너 어젯밤 뭐 했니?" 또는 "너 어디에 갔었니?" "무슨 일로 친구를 만났니?"와 같은 질문을 강압적으로 하게 되므로, 그 부모를 신뢰하지 않는 자녀는 스스로를 방어할 수단으로 거짓말을 하게 됩니다.

어떤 소년은 "제 부모님은 어차피 저를 믿지 않으실 건데 제가 적당히 둘러댔기로서니 그게 무슨 대수예요?" 하는 것이었습니다. 대부분의 아이들이 사실을 은폐함으로 해서 부모님과의 충돌을 피할 수 있다고 생각합니다.

둘째, 아이들은 사실을 말함으로써 빚어질 결과에 대하여 공포심을 가지고 있습니다. 많은 아이가 특히 집에서 매를 맞아 본 경험이 있는 아이일수록 사실을 말하고 받게 될 벌과 화가 무서워 거짓말을 합니다. 그렇게 함으로써 부모로부터 받게 되는 호된 꾸중으로부터 피해 보고자 하는 것입니다.

어느 남학생은 "제 아버지는 제가 진실을 말하는데도 매를 때립니다. 그것은 정말 불공평한 일입니다."라고 말하는 것을 들을 수 있었습니다.

셋째, 아이들은 죄의식을 감추려 합니다. 많은 아이가 자신이 저지른 일들에 대한 죄책감에 시달리는데 거기에는 많은 이유가 있습니다. 진실을 말할 경우 부모의 기대에 어긋나거나 실망을 안겨줄 것에 대한 두려움 때문에 거짓말을 하게 되는데 이것이 바로 죄책감에 시달리게 되는 중요한 원인이 되고 거짓말은 또 다른 거짓말을 낳게 됩니다.

넷째, 거짓말이 하나의 습관이 되는 경우입니다. 이런 습관적인 거짓말은 오랜 시간 동안 공포, 불신감, 죄책감에 쌓여 지내게 하고, 또 다른 문제를 발생할 소지를 만듭니다. 그러므로 습관적으로 하는 거짓말은 큰 문제이며 십 대의 청소년들에게는 어떤 것이 옳고 어떤 것이 그른지의 판단력을 흐리게 합니다. 또한 어떤 청소년들은 참으로 많은 거짓말을 하는데 그러다 보면 자신의 거짓말이 정말인 것 같은 착각에 빠지게 됩니다. 그렇게 되면 진실을 말하고 싶어도 말할 수 없게 되는 것입니다.

이러한 것들이 대충 십 대들이 하는 거짓말의 이유인데 그렇다면 이 문제를 해결하려면 어떻게 해야 할까?

우선, 자녀와의 믿음을 두텁게 하는 일입니다. 이것은 상대적인 것으로 자녀가 부모에게 무슨 이야기를 하여도 잘못을 지적하여 꾸중하는 일이 없어야 합니다. 그렇게 되면 자녀들도 마음 놓고 자기의 문제를 부모와 상의하려 할 것이고 강요당하는 기분이 없어지기 때문에 거짓말하고 싶은 기분은 느끼지 않을 것입니다.

또 부모들 스스로 자신의 화나는 마음을 억제해야 합니다. 물론 부모로서 자녀들이 잘못하였을 때 화내는 것은 당연합니다. 그렇다고 자녀에게 화를 내거나 때리거나 소리치면 자녀는 겁이 나서 사실을 사실대로 말할 용기를 잃게 됩니다. 그래서 거짓말을 하게 되니 이 점을 조심해야 합니다. 그리고 잘못한 만큼만 벌을 주어야 합니다. 물론 자녀가 무엇인가 잘못하였을 경우 거기에는 분명히 벌칙이 따른다는 것을 알려주는 것은 좋습니다. 그렇다고 조그만 실수에도 너무 과하게 벌을 내린다면 자녀들은 거짓말을 하게 될 것입니다. 그렇기 때문에 공평하고 적당한 벌을 부과하는 게 좋습니다.

마지막으로 용서할 줄 알아야 합니다. 그러면 자녀들이 죄책감으로부터 쉽게 벗어날 수 있도록 도와주는 것이 됩니다. 그리고 앞으로는 거짓말을 하지 않고 진실을 말할 수 있는 용기를 갖게 할 것입니다. 절대로 과거의 잘못을 끄집어내서는 안 됩니다. 용서하고 잊어버리는 것이 가장 좋은 약입니다.

이 모든 것과 아울러 부모가 좋은 본보기가 되어야 합니다. 만일 부모가 거짓말을 한다면 아이들은 곧 바로 배우게 됩니다. 아주 조그만 거짓말이라도 하지 않도록 어렸을 때 부모가 본을 보임으로써 실제의 훈련을 쌓도록 하세요.

이상과 같이 열거한 여러 가지 제안에서 부모가 꼭 기억해야 할 것은 많은 사랑과 인내심을 가지고 자녀를 대하라는 것입니다. 그러다 보면 이런 문제를 해결하는 데 많은 도움이 될 것입니다.

 요즈음 아이들이 전 세대에 비해 버릇이 없다고 하는데?

 사실입니다. 이는 부모의 잘못입니다. 예절이나 도덕심, 시민정신 등은 집에서 먼저 교육되어야 합니다.

　이러한 교육이 제대로 이루어지지 못하는 이유는,

　첫째, 인위적인 예절교육이 아이들의 자유로운 사고방식을 해친다는 식의 생각입니다. 또 하나는 맞벌이로 인해 충분한 가정교육 시간이 부족한 경우로 자녀교육을 어떻게 하느냐에 대해 심각히 생각하는 사람조차 없는 실정입니다.

　그리고 사회적으로 이 문제에 책임을 진 사람들, 즉 교사, 교육전문가, 부모 모두가 '꼭 내가 해야 할 일이 아니다.'라는 식으로 생각합니다. 그리고 이혼과 재혼 등으로 일어나는 문제도 큰 원인 중 하나입니다.

분명히 인식시켜 줘야 할 것은 자녀가 어렸을 때는 무엇을 하든 사랑스럽고 귀엽게 보는데, 그때부터 옳고 그른 것은 분명히 알려주어야 한다는 것입니다.

또 자녀가 이제 이런 말을 할 때가 되었다고 기다리지 말고, "미안합니다. 고맙습니다."라는 말을 자주 말하세요. 그런 습관이 배면 전혀 뜻하지 않은 순간, 아이의 입에서 이 말을 듣게 될 것입니다.

그리고 혹 자녀가 이웃집에서 잘못을 저질렀을 때는, 타인 앞에서 바로 나무라는 것은 좋은 방법이 아닙니다. 제일 좋은 방법은 사인(눈짓을 한다든가, 손짓을 한다든가)을 보내 아이 스스로 잘못된 행동을 깨닫게 해줍니다.

아이는 즉각 부모의 사인을 알아차리고 자신의 행동을 바로잡습니다. 만약 사인이 통하지 않으면 조용히 다른 방으로 불러 타이릅니다.

염두에 둘 것은 체벌로 바른 예절을 가르칠 생각을 하지 말아야 한다는 것입니다. 감수성이 예민한 아이에게는 오히려 반발심만 일으킵니다.